나는 정주영이다

1판 1쇄 인쇄 | 2025년 8월 11일
1판 1쇄 발행 | 2025년 8월 18일

지은이 | 박상하
펴낸이 | 천봉재
펴낸곳 | 일송북

주　　소 | 서울시 성북구 성북로 4길 27-19
전　　화 | 02-2299-1290~1
팩　　스 | 02-2299-1292
이 메 일 | minato3@hanmail.net
홈페이지 | www.ilsongbook.com
등　　록 | 1998.8.13(제 303-3030002510020060000049호)

ⓒ박상하 2025
ISBN 978-89-5732-356-4(03800)
값 14,800원

※ 잘못된 책은 구입처에서 교환해 드립니다.

현대

자본도, 기술도, 경험도 없이 현대를 키워낸 신념의 세계

이다

박상하 지음

알에이치북

나는 *정주영*이다

폐허와 공허 속에서 오로지 맨주먹으로 현대를 일으켰다

"나는 물려받은 유산도, 마땅한 기술도, 변변한 경험조차 없이, 한 치 앞을 내다보기 어려운 역사의 격랑 속으로 뛰어들지 않으면 안 되었다. 거기에다 선발 자본이나 기업에 비하면 턱없이 뒤늦은 출발이 아닐 수 없었다. 젊은 날의 나는 그저 이름 없는 무명의 선수로 어렵사리 출발 선상에 등장할 수 있었을 따름이다."

- 정주영이 독자에게 -

서문

한국을 만든 인물 500인을 선정하면서

일송북은 한국을 만든 인물 5백 명에 관한 책들(5백 권)의 출간을 기획하여 차례대로 펴내고 있습니다. 이는 긍정적이든 부정적이든 우리 역사에 뚜렷한 족적을 남긴 인물들의 시대와 사회를 살아가는 삶을 들여다보고 반성하며, 지금 우리 시대와 각자의 삶을 더욱 바람직하게 이끌기 위해서입니다. 아울러 한국인의 정체성은 무엇인가를 폭넓고 심도 있게 탐구하는, 출판 사상 최고·최대의 한국 대표 인물 콘텐츠의 보고(寶庫)가 될 것입니다.

한국 인물 500인의 제목은 「나는 누구다」로 통일했습니다. '누구'에는 한 인물의 이름이 들어갑니다. 한 인물의 삶과 시대의 정수를 독자 여러분께 인상적·효율적으로 전할 것입니다. 무엇보다 지금 왜 이 인물을 읽어야 하는가에 충분히 답해 나갈 것입니다.

이번 한국 인물 500인 선정을 위해 일송북에서는 역사, 사회, 문화, 정치, 경제, 국방, 언론, 출판 등 각 분야의 전문가들로 선정위원회를 구성했습니다. 선정위원회에서는 단군시대 너머의 신화와 전설쯤으로 전해오는 아득한 상고대부터, 아직도 우리 기억에 생생한 20세기 최근세까지의 인물들과 그 시대들에 정통한 필자를 선정하고 있습니다.

우리는 지금 최첨단 문명시대를 살고 있습니다. 인터넷으로 실시간 글로벌시대를 살고 있으며 인공지능 AI의 급속한 발달로 인간의 정체성마저 흔들리고 있음을 절감하고 있습니다.

이러한 때일수록 인간의, 한국인의 정체성이 더욱 절실히 요구되고 있습니다. 그 정체성은 개인과 나라의 편협한 개인주의나 국수주의는 물론 아닐 것입니다. 보수와 진보 성향을 아우르는 한국 인물 500인은 해당 인물의 육성으로 인간 개인의 생생한 정체성은 물론 세계와 첨단 문명시대에서도 끈질기게 이끌어나갈 반만년 한국인의 정체성, 그 본질과 뚝심을 들려줄 것입니다.

차례

서문 ·· 10

들어가는 글
'정주영'의 역사근육을 찾아서 ·· 16

1장. 내가 되다
정주영의 '불굴의 기업가정신' ··· 28
이성보단 감성이 우세한 디오니소스적 리더 ··· 35
찢어지게 가난한 농부의 맏아들로 태어나다 ··· 46
인수한 쌀가게로 역사 앞에 서다 ··· 52
운명처럼 만난 자동차와의 첫 인연 ··· 57
백수의 몸으로 8·15해방을 맞이하다 ··· 65
'현대자동차'와 '현대토건사'의 간판을 걸다 ··· 72

2장. 현대가 되다
6·25전쟁으로 또다시 모든 걸 잃다 ··· 84
일생에 단 한 번, '한겨울의 푸른 잔디' ··· 88

길이 끝나는 지점에서 새 길을 열다 … 94
먼저 자동차 경제 영토의 정벌에 나섰다 … 100
끝까지 최선의 노력을 다하는 '빈대의 교훈' … 109
서울-부산 간 경부고속도로를 뚫다 … 116
이유는 없다. 모두 나를 따르라! … 132
그 무렵 정주영의 하루 … 145

3장. 시대를 바꿔보겠다

정치권력의 한복판으로 뛰어들다 … 152
패배로 막을 내린 '정주영 신화' … 164
창업이 어려운가, 수성이 어려운가 … 172
그럼에도 갈라지고 분가한 정주영의 현대가家 … 183

4장. 아직 못다 이룬 그만의 꿈

사소한 경험을 확대해 이룬 큰 현실 … 194
아직 못다 이룬 정주영의 꿈 … 199
정주영의 마지막 노래, '보통 인생' … 204

들어가는 글

'정주영'의 역사근육을 찾아서

큰 자본, 기술, 경험도 없이 '100년 경영'을 시작하다

이렇다 할 자본도, 쥐뿔만 한 기술도, 아무런 경험도 없었다. 오직 맨손으로 시작하여 마침내 지금의 현대 HYUNDAI를 일으킨, 정주영이 거둔 성공은 기적에 가깝다. 그 어떤 것도 움터오를 것 같지 않은 일제의 강압과 6·25전쟁이라는 황량한 폐허와 공허한 황무지 위에서 꽃을 피워낸, 지금의 글로벌 현대라는 기업집단을 만들어낼 수 있었는지, 아니 어떻게 그 같은 경영을 창작해낼 수 있었는지, 길지 않은 생애 동안에 이렇다 할 자본도 경험도

없이 변방의 이름 없는 간판으로 이 땅을 넘어 지구촌의 도처에까지 그토록 경제 영토를 확장할 수 있었는지 그저 놀라울 따름이다.

그의 시작점은 24살 때 개업한, 보잘것없는 동네 쌀가게인 '경일京一상회'였다. 황량한 대지 위에 뿌려진 겨자씨 한 알이 뿌려진 것이다.

이처럼 무슨 큰 자본을 갖고 시작한 게 아니었다. 별다른 기술이나 남다른 경험을 가진 것도 아니었다. 인맥이나 학맥조차 따로 가졌던 게 아니다. 미래는 소심하게 머뭇거리는 자의 것이 아니라 용기 있게 나서는 자의 것이라는 신념 하나만으로 자신을 세상에 내던진 셈이었다.

물론 정주영의 시작점이 지금의 환경과 같은 조건이라고 말할 수는 없다. 그동안 비교도 할 수 없을 만큼 환경이 크게 달라졌다는 지적이 있을 수 있다.

하지만 이 같은 지적에 과연 그가 선뜻 동의할 수 있을는지는 모르겠다. 어쩌면 정주영은 그때나 지금이나 조건이 어렵기는 마찬가지였다고 항변할는지도 모르겠다.

다만 분명하게 말할 수 있는 건 그에겐 주목할 만한 부분이 있었다는 점이다. 우리가 일찍이 경험해보지 못한 '또 다른 의지'가 실존했다는 것이다.

그렇더라도 다행이 아닐 수 없다. 그의 '또 다른 집념'은 그저 먼발치에서만 바라보아야 한다거나, 결코 범접하기 어려운 금단의 역사가 아니라는 점에서 그렇다. 우선 바람에 떨어진 겨자씨 한 알과 같은 아주 사소한 것으로부터 시작되었다는 점에서, 다시 말해 누구에게나 가능한 지평을 열어주었다는 점에서 반갑기 그지없다.

성공은 곧 인내와 통한다

프랑스 박물학자 뷔퐁은 자신의 말과 행동으로 이 같은 사실을 입증해 보인 인물이다. 그는 박물학 분야에 탁월한 업적을 남겼지만, 원래부터 어떤 재능이 남달랐던 건 아니다.

실제로 그는 두뇌도 그다지 명석하지 못했을뿐더러, 게을렀다. 유복한 가정에 태어나 굳이 무언가를 열심히 할 필요도 없었다.

어느 날 뷔퐁은 그런 자신을 심각하게 돌아보았다.

'과연 이렇게 살아도 되는 걸까? 이대로 살다가는 남자로 태어나 뜻있는 일도 한번 못해보고 사치와 타락에 물든 채 일생을 마감하게 되는 건 아닐까?'

어떻게 보면 남부러울 게 없는 환경이었지만, 뷔퐁은 거기에 만족하지 않았다. 생활 습관부터 고쳐나가기로 결심했다.

첫 번째로 시도한 것은 아침에 일찍 일어나는 습관을 들이는 것이었다. 시간은 모든 사람에게 한정적으로 주어지는 귀중한 보물이라고 여긴 그는 이제부터라도 시간을 아껴 쓰기로 마음먹었다.

뷔퐁은 자신의 하인 조셉에게 이렇게 제의했다.

"이보게, 매일 아침 여섯 시에 나 좀 깨워주게. 그러면 상으로 자네에게 은화 한 닢씩을 주겠네."

조셉은 주인의 뜻에 기꺼이 따랐다.

한데 말처럼 쉽지가 않았다. 오랜 세월 동안 늦잠 자는 버릇에 길들여진 뷔퐁은 조셉이 깨울 때마다 짜증부터 부리기 일쑤였다.

그러거나 말거나 조셉은 매일같이 집요하게 매달렸

다. 은화를 받을 수 있다는 욕심에 아침 여섯 시면 어김없이 뷔퐁을 깨우러들었다. 주인이 짜증을 부리든 말든 침대맡에 붙어선 채 한사코 귀찮게 굴었다.

그처럼 끈질기게 매달린 결과 뷔퐁은 마침내 자신의 게으른 습관을 극복할 수 있었다. 아침에 일찍 일어나 학문에 정진할 수 있게 된 것이다.
"박물학에 관한 나의 책 서너 권은 순전히 나의 하인 조셉의 공이었음을 밝힌다."
훗날 뷔퐁은 자신의 회고록에서 그렇게 고백했다.
정주영도 이와 별반 다르지 않았다. 그 역시 '성공은 곧 인내와 통한다'는 점에서부터 싹이 움터 올랐고, 또한 계류로 흘러내렸다.

아직도 유효한 정주영의 '신념의 힘'
시간은 누구에게나 다 똑같이 주어지는 것일까? 과연 그렇다고 생각하는가?
절대 공간과 절대 시간을 부정하는, 어렵기만 한 상

대성이론을 굳이 동원하지 않는다 하더라도 이건 암만해도 동의하기 어려울 것 같다. 적어도 어느 기업, 어떤 기업가에게나 다 같이 공평하게 주어지는 건 아니라는 생각이 든다.

그러면서도 한편으론 누구에게나 공평하게 주어지는 것이 곧 시간이다. 어느 기업, 어떤 기업가에게는 시간이 좀 더 많이 주어지는 데 반해, 또 다른 어느 기업이나 어떤 기업가에게는 시간이 좀 더 적게 주어지는 것이 결코 아니라는 사실이다.

마찬가지로 어느 기업, 어떤 기업가라 할지라도 저마다 그 성장 속도가 다 같을 수는 없다. 어느 기업, 어떤 기업가는 성장 속도가 빨라서 일찍부터 두각을 나타내는가 하면, 또 어느 기업, 어떤 기업가는 성장 속도가 더디기만 하여 속절없이 뒤처지기 십상이란 얘기다.

물론 주어진 조건이나 환경 또한 이 같은 시간을 활용하는 데 적잖이 영향을 미치기 마련이다. 결국 시간이란 어느 기업, 어떤 기업가에게나 다 같이 공평하게 주어지는 건 아니라는 점이다.

정주영의 의지 또한 예외가 아니다. 물려받은 유산도, 마땅한 기술도, 변변한 경험조차 없이 한 치 앞을 내다보기 어려운 역사의 격랑 속으로 뛰어들었다. 그러므로 선발 자본이나 선도 기업에 비하면 턱없이 뒤늦은 출발이 아닐 수 없었다. 80여 년 전 정주영의 의지 또한 그저 무명의 선수로 어렵사리 출발 선상에 등장할 수 있었을 따름이다.

하지만 토인비Arnold Toynbee는 이렇게 말한다. "문명은 항구가 아니고 항해라고. 또 여태 그 어떠한 문명도 아직 항구에 다다른 일이 없다." 따라서 어렵사리 뒤늦게 출발 선상에 등장한 '정주영의 현대경영'이라 할지라도 희망의 돛을 올릴 수 있었다고 말이다.

그렇대도 80여 년 전 출발 선상에 등장한 정주영의 의지는 미약하기 이를 데 없었다. 먼저 시작한 선발 기업과의 간극이 마치 하늘과 땅만큼이나 컸다.

그렇다. 시간은 앞으로 점차 좁혀갈 수 있다고 손치자. 그렇더라도 여전히 풀리지 않는 의문과 질문 하나가

남는다. 앞으로 우리가 텍스트로 삼아 본격적으로 들여다볼 인물이 하필이면 왜 정주영이어야 하느냐는 거다. 이미 지나가고 만 그의 의지가 과연 지금의 역사에서 어떤 가치, 문법이 될 수 있을지 따져 묻지 않을 수 없다.

더욱이 아무리 그럴싸한 경영을 그가 발견하고 실천했다 할지라도, 막상 그것을 지금의 현장에 옮겨 적응하기란 녹록지 않다. 환경과 조건, 역사와 정서라는 현실 속에서 그만의 경영을 그대로 육화하고 실천하기가 결코 쉽지 않다.

그러나 먼저 밝혀두지 않으면 안 될 것이 있다. 그 같은 의문과 문법에도 불구하고 그만의 의지는 여전히 우리의 환경과 조건, 역사와 정서에 유효하다는 사실이다.

무엇보다 정주영의 의지가 그동안 바다를 건너 들어온 숱한 문법을 실전에 적용하는 데 걸림돌이 되었던 우리만의 환경과 조건, 문화와 정서와도 상당 부분 밀착되어 있음을 확인할 수 있다. 그의 '남다른 신념'만큼 우리의 기업이라는, 매우 미묘하면서도 특수한 조직을 이끌어가고 있는 리더에게 적합한 역량도 딴은 또 없다는 사실이다.

어떻게 입증하느냐고? 눈치 빠른 이는 벌써 알아차렸으리라고 짐작된다.

실제로 글로벌 현대라는 기업의 경영을 통해서 아날로그시대와 디지털시대에 걸쳐 이미 그 실험 결과가 검증된 역량이라는 점이 그렇다. 그것도 다른 환경과 조건, 역사와 정서가 아닌, 바로 우리가 함께 살아가고 있는 공동체 안에서 그 실험 결과가 검증되었다라는 점에서 더욱 중요한 의미를 지닌다.

일찍이 우리만의 전통적 가치를 강화하고, 아직 누구도 경험해보지 못한 희소성을 차별화하여, 경영의 창작이라는 무한한 상상력과 외연을 확장해낸 스펙트럼은 곧 그만의 '신념의 힘'에 고스란히 담겨 있다는 확신에서 비롯된다. 자신이 몸 붙이고 있는 서로의 포지션에 따라 우물에서 물을 길어 올리듯 그동안 잊혀 우리가 간과하고 있던 그만의 의지의 힘을 새로이 발견하고 육화하는 계기를 마련할 수 있으리라는 확신에서다.

1장

내가 되다

정주영의 '불굴의 기업가정신'

헨리 포드Henry Ford가 어린 시절, 그의 어머니는 건강이 좋지 못했다. 그러던 어느 날 어머니의 병세가 갑자기 악화되었다. 급한 마음에 포드는 말을 타고 서둘러 의사를 데리러 갔다. 간신히 수소문하여 의사를 데려왔지만 한발 늦었다. 어머니는 이미 숨을 거둔 뒤였다.

훗날 청년이 된 포드는 어머니의 묘 앞에서 눈물을 흘리며 자신에게 약속한다. 그렇게 시작한 것이 자동차 사업이었다. 40세 때 동업자와 자본금 10만 달러로 '포드자동차'를 설립했다.

'자동차는 결코 귀족의 장난감이 아니다.'

포드는 자신과의 다짐 또한 지켜냈다. 말보다 빠르고

서민들도 탈 수 있는 저렴한 자동차를 많이 만들어 보다 많은 사람이 이용할 수 있게 했다. 현대식 생산 공정 혁신의 대명사인 '포드 시스템'을 창안한 데 이어, '컨베이어 벨트'를 이용한 최초의 조립 공정 시스템을 도입함으로써 대량생산시대를 열었다. 1923년 모델 T의 연간 생산 대수가 200만 대를 돌파하였는데 이는 놀랍게도 16초에 한 대 꼴로 자동차를 만들어낸 것이다.

포드의 이 같은 경영철학 덕분에 회사는 미국 시장의 패권을 두고 GM과 경쟁을 벌인 끝에 정상의 위치에 오를 수 있었다. 또 그 같은 경영철학으로 말미암아 회사가 경영난에 빠지는 시련을 겪기도 했다.

미국의 자동차산업이 한창 발달을 거듭하고 있을 무렵이었다. 이때 포드에게는 새로운 8기통 엔진이 절실했다. 속도와 힘이 있는 차만이 경쟁에서 살아남을 수 있었다.

포드는 결심을 굳힌 그날부터 엔지니어들과 머리를 맞댔다. 8기통 엔진의 개발에 매달렸다.

한데 들리는 소리는 모두 '불가능'이었다. 여덟 개의 실린더를 하나로 묶는 엔진은 이론상 설계를 할 수 없었다.

포드는 단념하지 않았다. 엔지니어를 보강하고, 투자를 늘리는 등 사운을 걸었다.

그렇게 1년이 흘렀다. 결론은 여전히 '불가능'하다는 것이었다.

엔지니어들과 회사 임원들은 허탈감에 빠졌다. 그러나 오직 한 사람 CEO 포드만은 물러서지 않았다.

"대안이 없다. 8기통 엔진뿐이다. 그래야 우리가 산다."

포드는 자신이 직접 팔을 걷어붙였다. 실의에 빠진 엔지니어들을 격려하고 침식을 함께했다. 연구개발실의 불은 밤새 꺼질 줄을 몰랐다.

그렇듯 배수진을 친 채 각고의 노력을 다한 어느 날, 드디어 요란한 굉음과 함께 엔진이 돌기 시작했다. 세계 자동차 역사의 신기원을 이루는 순간이었다.

포드는 이처럼 자신과의 다짐을 이루는 남다른 과정에서 온갖 역경을 이겨내야 했다. 하지만 그 모든 역경과 싸워 마침내 이겨냈다. 그리하여 오늘날 젊은 날의 다짐과 같이 자신의 이름이 붙은 자동차들이 세계 도처에서 내달리게 되었다.

서울의 진산이라 불리는 북한산(836m)을 예로 들어 보겠다. 북한산은 과연 높다란 태산인가? 아니면 그저 그런 동네의 뒷산에 불과한가?

누구는 높은 산이라고 말한다. 먼발치에서 바라볼 때 좀처럼 오르기 쉽지 않은, 아주 높다란 태산이 아니냐는 것이다.

그런가 하면 또 누군가는 동네 뒷산이라고 말한다. 이 정도 높이의 산은 그저 그런 동네의 뒷산으로 봐야 한다고 간단히 아퀴를 짓고 만다.

요컨대 똑같은 산을 바라보는데도 어떤 이에게는 태산으로 보이지만 또 다른 어떤 이에게는 동네 뒷산으로 보인다. 누군가는 태산이라고 바라보는 것을 또 누군가는 동네 뒷산쯤으로 바라볼 수도 있다는 얘기다.

물론 여기엔 조건이 따른다. 어떤 이는 태산이라고 바라보는 것을 또 어떤 이는 동네 뒷산쯤으로 바라볼 수 있는 데는 반드시 전제가 따라붙는다.

 내가 그동안 태산만 한 고난과 시련을 기꺼이 사귀어 왔는지 돌아보고, 그 같은 고난과 시련을 지속적으로 껴안을 수 있다는 확신이 든다면 가능하다. 그 어떠한 것도 가로막을 수 없다는 간절함이 깃들어 있을 때 가능한 세계다. 다시 말해 성숙한 자신의 역사가 존재할 때만이 비로소 가능한 현실이다.

 그렇지 않다면 먼발치에서 바라보는 깎아지른 계곡과 계곡 사이에 드리워진 수풀에서 한사코 눈길을 뗄 수 없게 된다. 하늘 높이 치솟아 오른 산봉우리에서 끝내 헤어나지 못하고 만다.

 '기업가정신'이란 무엇인가? 앞서 살펴본 포드와 같이 모험이 따르는 새로운 영역에 남다른 생각으로 도전하는 정신을 일컫는다. 미래를 예측할 수 있는 통찰력과 위험을 무릅쓰고 새로운 것에 과감히 도전하는, 창의적이고 모험적인 의지로 자아를 실현하는 자세를 뜻한다.

 '정주영의 현대'에도 그 같은 기업가정신이 없을 리 만무하다. 이렇다 할 자본이나 별다른 기술도 없이 단지 성공은 곧 인내와 통한다는 의지 하나만으로 지금의 글로벌 현대가 탄생했을 까닭이 없기 때문이다.

 또 그 같은 현장이 기실 멀리 있는 것도 아니었다. 서울의 아산중앙병원 한켠에는 아산기념전시실이 자리하고 있다. 아산峨山 정주영의 생애를 한눈에 볼 수 있는 곳이다.

 전시실의 유품 가운데는 유독 눈에 띄는 것들이 있다. 큼지막한 낡은 구두 한 켤레와 지금은 거의 보기 어려운 짐받이 자전거 한 대가 바로 그것이다.

 정주영의 첫 직장(?)이었던 쌀가게에서 쌀 배달을 할 때 탔다는 짐받이 자전거는, 그가 수없이 넘어지면서도 굽힐 줄 모르는 의지로 우뚝 설 수 있게 했던 고난의 상징처럼 다가온다. 주인으로부터 성실함을 인정받아 쌀가게를 인수해서 '경일상회'를 열었던 건 도전의 시작점이었다. 이후 그는 자동차 수리 공장을 설립한 것이 '현대자동차'의 밑돌이 되었고, 5백 원짜리 지폐의 거북선 그림을 들이대며 영국에서 차관을 얻어내고 그리스에서 초대형 유조선을 수주하여 '현대중공업'을 키워냈다. 여기서 만든 배로 '현대상선'을 설립했고, 현대상선을 이용하여 '현대자동차'를 수출하는 등 정주영의 도전정신은 끝을 몰랐다.

'고난과 시련이란 뛰어넘으라고 있는 것이지, 걸려 엎어지라고 있는 것이 아니다. 길이 없으면 찾고, 찾아도 없다면 닦아나가면 된다'는 것이 정주영의 불굴의 기업가 정신이었다.

이성보단 감성이 우세한 디오니소스적 리더

정주영은 보잘것없는 농부의 아들로 태어났지만, 거대한 경제 영토를 가진 현대왕국을 이뤄냈다. 그가 기업 경영을 통해서 이뤄낸 수많은 신화는 보통 사람이라면 상상할 수도 없는 엄청난 성취였음은 새삼 언급할 필요조차 없다.

그에게 붙여졌던 별명은 '경제 9단'이다. 그 같은 면모는 세계적 위상을 갖춘 현대왕국의 풍경에서 어김없이 찾아볼 수 있다.

믿지 않을지 몰라도 정주영은 한때 노벨 경제학상 후보(1996)로 추천되기도 했다. 이는 유래를 찾아보기 힘든 파격적인 후보 추천이었다.

이때 그는 정치판에 뛰어들었을 즈음이다. 그가 아닌 삼성 이병철의 표현을 빌면 '기업을 경영하면서 정치권력이라는 칼날 아래 혹은 정변 때마다 혹은 정권 교체 때마다 겪는 고난과 고통이 결코 작지 않아서' 정주영이 정치판에 직접 나섰다. 자신이 나서 세상을 바꿔보겠다며, 불도저처럼 정당을 뚝딱 만들어 대통령 후보로까지 나섰다.

그러나 보기 좋게 참패했다. 참패했으니 승자의 (김영삼)정권으로부터 업보를 혹독히 치러야 했다. 나중에 가까스로 복권되어 경영 일선으로 다시 돌아온 지 얼마 되지 않은 시점이었다. 이제 막 자신의 왕국을 2남인 정몽구에게 물려주었을 때 그 같은 후보 추천이 날아든 것이다.

물론 국내 언론엔 그런 사실이 간략하게나마 소개된 것은 그보다 훨씬 지난 10월 초순에 이르러서였다. 스웨덴 국회의원과 경제학자 등 유력 인사 6명이 이미 한림원에 그를 경제학상 후보로 추천한 뒤였다.

마침내 그해 12월로 예정된 노벨상 시상식 날이 임박하자, 언론에선 수상자들의 명단이 잇따라 흘러나왔다.

스웨덴 왕립 과학원은 영국 케임브리지대학교의 제임스 멀리스 교수와 미국 컬럼비아대학교의 윌리엄 버커리 교수를 경제학상 공동 수상자로 선정한다는 사실을 발표하면서 정주영은 탈락하게 된다.

그렇더라도 노벨상 후보로 추천되었다는 사실만으로도 충분히 영광스러운 일이었다. 노벨 경제학상 후보로 추천된 한국인은 지금까지도 그가 유일하다.

당시 노벨 경제학상 후보 추천장에 명시된 그의 주요 공적 사항을 요약해보면 이렇다. '맨손으로 세계 굴지의 기업을 이룩한 주인공으로, 한국의 경제 부흥에 크게 이바지했다'는 것이다.

그러나 정주영은 기업인이지 경제학자가 아니었다. 그는 평생을 통한 자신의 경제적 업적을 증명해 보였지만, 독창적인 경제학설이나 이론을 정립하지 못했던 게 한계로 지적될 수밖에 없었다.

결국 노벨 경제학상은 받지 못했으나 두둑한 배짱과 물러설 줄 모르는 집념, 더불어 누구도 따를 수 없는 돌파

력으로 세계 속의 현대왕국을 건설해냈다. 때로는 무모하고 돌격적이라고 비아냥거리는 소리를 들었을 만큼 그는 저돌적인 모험가이자 정복자였다.

이런 그가 정복자의 진가를 유감없이 보여준 건 불모지였던 이 땅에서 처음으로 조선업에 진출할 때였다. 울산 미포만에 조선소를 세우겠다며 백방으로 뛰어다니던 1970년대만 하더라도 사정이 여의치 않았다.

하다못해 조선과 관련한 기술과 경험을 가진 사람조차 찾아보기 어려웠다. 그가 말한 것처럼 세상천지를 둘러봐도 '장난감 보트를 만들어 본 경험조차 없는 사람들뿐'이었다.

그런 조건 속에서 그가 배를 만들겠다고 하자 많은 이가 콧방귀를 뀌었다. 누가 봐도 '현대조선소' 설립은 불가능한 일처럼 보였다. 초대형 선박 건조 기술이 전무한 것도 문제였으나, 무엇보다 천문학적인 창업 자금을 마련하는 것이 가장 큰 난제였다.

그러나 할 수 있다는 신념을 버리지 않았다. 장래에 조선소가 들어설 울산 미포만을 흑백 사진에 담아 멀리 영국으로 날아갔다.

우여곡절이 많았다. 하지만 버클레이 은행으로부터 끝내 조선소 건립 자금을 대출받는 데 성공한다.

이때 그가 담보로 내놓았던 건 달랑 흑백사진 2장이 전부였다. 흑백사진 속의 울산 미포만에는 황량한 개펄에 허리 굽은 소나무 몇 그루와 초가 몇 채가 엎드려 있을 따름이었다.

그리스 선박왕 리바노스 회장으로부터 26만t급 초대형 유조선 2척을 수주할 때에도 다르지 않았다. 그는 같은 흑백사진을 내보였다.

경제에 기적이라는 건 따로 없다. 기업 경영이란 냉혹한 현실이다. 오직 행동함으로써 이루어지는 것이다. 똑똑하다는 사람들이 모여앉아 머리로 생각만 해서 기업이 클 수는 없는 일이다. 우선 행동해야만 한다….

조선소를 건립하기 이전에 설립한 '현대자동차'의 경우도 별반 다르지 않았다. '현대자동차'가 국내 최초로, 아시아에서는 두 번째로 독자적인 모델인 '포니PONY'의 개발에 성공한 건 1976년 1월이다. 세계에서 16번째 자동차 생산국으로 자리매김하는 순간이었다.

'현대자동차'는 원래 미국 포드와 기술 제휴를 맺어 '코티나'를 조립·생산하는 수준의 기술을 보유하고 있었다. 그랬던 '현대자동차'가 자동차 모델을 자체 개발한 건 포드의 지나친 요구에 반발해 독자 생존을 선언한 지 불과 3년 만의 쾌거였다.

그로부터 불과 반세기 동안 수많은 부침과 명멸 속에서도 '현대자동차'의 위상과 기세는 놀랍다. 오늘날 미국 전체 시장 점유율 11%, 글로벌 자동차 브랜드 5위, 연간 650만 대 생산을 자랑하고 있을 만큼 장족의 성장을 했다.

현대그룹의 모체라고 볼 수 있는 '현대건설'의 눈부신 활약상 또한 조금도 뒤지지 않는다. '현대건설'은 일찌감치 국내 시장의 한계를 인식하고 해외 건설시장의 정벌에 나섰다.

그리하여 한국 건설 사상 최초로 일본, 독일, 프랑스, 이탈리아 등의 건설사와 겨뤄 태국 파타니 나라티왓 고속도로 공사를 따냈다. 베트남의 캄란만 준설 공사를 비롯해 알래스카, 괌, 파푸아뉴기니, 호주 등지에서부터 사막의 나라 중동에 이르기까지 건설 붐을 일으켰던 것도 '현대건설'의 힘이었다.

특히나 "알라신의 도움 없이는 완성되기 어렵다"라고 했을 만큼 난공사 가운데 하나였던, '20세기 최대의 건설'로 일컬어진 사우디아라비아의 주베일 산업항 심해 공사는, 그가 아니고선 불가능했을는지 모른다. 정주영의 '현대건설'이 아니었더라면 완공되기 어려운 초대형 프로젝트였다.

'국토는 넓을수록 좋다!'

서산 간척지 공사 역시 그가 남긴 족적이었다. 굳이 이윤만을 놓고 따진다면 간척 공사는 민간 기업이 도저히 시도할 수 없는 대규모 사업이었다. 수익을 내려면 같은 투자 금액으로 부동산을 사두거나 새로운 사업을 벌이는 게 더 나았다. 그편이 자금 회전도 빠르고 수익률도 높을 수 있었다.

하지만 가난한 농부의 아들로 태어나 농토에 대한 애

착이 유난히 남달랐던 그는, 1978년 겨울부터 바다를 간척해 옥토를 만드는 간척 사업에 착수했다. 당시 총공사비가 6,400억 원이나 투입된 초대형 간척 공사는 엄청난 규모의 바다를 가로막아 서해안의 지형을 바꾸어놓는 힘겨운 토목공사였다.

하지만 정주영 특유의 단순과 끈기, 대담함과 저돌성은 그 어떤 장벽도 가로막을 수 없었다. 정부로부터 간척 허가를 따낸 데 이어 중동에 진출해 있던 '현대건설'의 중장비 250대를 대거 들여왔다.

최종 물막이 공사가 가장 어려운 문제였다. 공사 구간은 조석으로 간만의 차가 극심할뿐더러, 썰물 때는 물오리의 다리가 부러질 정도로 물살이 거세 방조제 공사는 엄두조차 내기 힘들어 보였다.

그러므로 방조제 공사의 관건은 밀물과 썰물 때의 유실을 최소화하는 것이었다. B지구(부남호) 방조제 최종 물막이 작업을 할 때에는 철사로 2~3개씩 묶은 4~5t씩 나가는 바위들을 바지선으로 운반해 바다에 투하했다.

문제는 A지구(간월호)의 최종 물막이 공사였다. 총연

장 8.4km의 방조제 공사에서 270m 길이의 마지막 물막이는 당시 '현대건설'이 보유한 토목공법과 경험으로도 해결할 수 없는 난제였다.

여름철 홍수 때 한강 유속의 위험 수위는 초속 6m인데 A지구의 급류는 초속 8m에 달했다. 보기만 해도 빨려 들어갈 것만 같은 무서운 속도였다. 자동차 크기만 한 바윗덩어리조차도 물속으로 들어가는 순간 휩쓸렸고, 철사로 묶은 돌망태기는 아무리 쏟아 부어도 속수무책이었다.

당시의 상황 해결을 정주영은 이렇게 회고하고 있다. 훗날 '정주영 공법'으로도 불리는 역사적 사건의 기록이다.

…그러다 어느 순간 번쩍 하고 떠오르는 생각이 있었다. 해체해서 고철 로 쓰기 위해 30억 원에 사다가 울산에 정박시켜 놓고 있던 스웨덴 고철선 워터베이호를 끌어다 가라앉혀 일단 물줄기를 막아놓은 뒤, 바윗덩어리들을 투하하면 될 것 같았다. 나는 즉시 '현대정공'과 '현대중공업'의 기술진에게 폭 45m, 높이 27m, 길이 322m의 23만t급 초대형 고철 유조선을 최종 물막이 공사 구간에 안

전하게 가라앉힐 수 있는 방법을 연구하도록 지시했다.

결과는 대성공이었다. 고철 유조선을 이용한 최종 물막이 공사로 확보한 4,700만 평의 옥토는 자그마치 여의도 면적의 33배였다.

국토를 그만큼 더 넓혀놓은 셈이다. 그런 '정주영 공법'으로 공사비를 290억 원이나 절감할 수 있었던 것이다.

'정주영 공법'은 이내 미국 시사 잡지인 『뉴스위크』와 『타임』지에 소개되었다. 동시에 영국 템스강의 하류 방조제 공사를 맡았던 세계적 철구조물 회사에서 '정주영 공법'에 대한 자문을 구하기도 했다.

반세기에 걸쳐 현대왕국을 이끌어오는 동안 숱한 어려움을 겪었는데 그때마다 그는 언제나 현장에 있었다. 언제나 맨 앞에 서서 정면으로 돌파해나갔다. 모두가 두려워 멈칫거릴 때마다 홀로 어려움 속으로 뛰어들며 이같이 소리치고는 했다.

모든 것은 나에게 맡겨라! 그렇게 겁이 나거든 집에 가서 내

가 다시 부를 때까지 조용히 기다려라!

 어떤가? 이쯤 되면 이성보다는 감성이 우세한 직선형의 리더가 아닌가? 생각하는 힘보다는 행동하는 힘이 더 돋보이는 동적動的인 디오니소스적 기업가가 아니었겠는가?

찢어지게 가난한 농부의 맏아들로 태어나다

정주영은 1915년 강원도 통천군 답전면 아산리에서 찢어지게 가난한 데다 식구들마저 득실거리는 농가의 장남으로 태어났다. 그의 부모님은 매일같이 새들보다 먼저 일어나 들판에 나가 허리가 휠 정도로 일했지만, 늘 가족을 먹여 살리는 걱정으로 전전긍긍했다.

따라서 가방끈도 짧을 수밖엔 없었다. 정주영은 초등학교 문턱이 전부였다. 요샛말로 흙수저가 따로 없었다.

정주영은 먼저 할아버지의 서당에서 3년 동안 한문을 배웠다. 머리가 나쁘진 않았는지 「천자문」부터 시작해서 『소학』, 『대학』, 『논어』, 『맹자』 등을 할아버지 앞에서 줄줄 외었다. 10살이 되어서야 초등학교에 들어갈 수 있었지만, 1학년에서 3학년으로 월반을 했으며, 줄곧 우등생이었다. 타고난 성격이 급해서 오른쪽 왼쪽 신발을 번번이 바꿔 신고 차분히 앉아서 해야 하는 붓글씨 쓰기가 젬병이었을 뿐, 초등학교를 졸업할 때까지 2등을 놓쳐본 적이 없었다.

그렇게 초등학교를 마쳤으나 가난한 집안 형편 때문에 중학교 진학은 엄두조차 내지 못했다. 하지만 드넓은 세상에 대한 갈망은 누구보다 컸던 것 같다. 비좁고 답답한 고향을 떠나 좀 더 넓은 세상으로 나아가고자 하는 바람이 굴뚝같았다.

원래 그의 어린 시절 꿈은 학교 선생님이었다. 하지만 아버지의 뜻에 따라 초등학교를 마치자 농부가 되어야 했다. 가난이 자신의 꿈을 앗아간 것이다. 정주영은 꿈이 깨어진 이후 한때 상실감에 휩싸였다. 선생님이 되지 못해서만은 아니었다. 그는 결코 아버지처럼 가난한 인생을 살고 싶지 않았다. 한데도 어느새 자신 또한 찢어지게 가난한 아버지를 닮아가고 있었던 것이다.

'고향을 뜨자. 더 나은 세상으로 나아가자.'

그러던 어느 날 신문을 통해 청진항에 있는 제철 공장에서 노동자를 구한다는 모집 공고를 보게 된다. 고향에서 그리 멀지 않은 데다, 많은 수의 노동자를 구한다고 했다.

정주영은 기회를 놓치지 않았다. 동네 친구와 둘이서 고향을 떠났다. 그의 첫 가출이었다.

첫 번째 가출은 단 며칠 만에 실패로 돌아갔다. 아버지가 청진항까지 찾아왔던 것이다.

너는 형제가 많은 우리 집안의 장손이다. 장손은 집안의 기둥이다. 기둥이 빠져나가면 집안은 쓰러진다. 형제가 아무리 많다 한들 너는 장손이 아니냐. 무슨 일이 있어도 너는 고향을 지키고, 네 동생들을 책임져야 한다. 다른 자식 중 하나가 집을 나갔다면 이 애비가 이렇게 찾아오지도 않았을 것이다⋯.

아버지의 절절한 부탁을 뿌리치지 못한 정주영은 한동안 마음을 비우고 농사일에 전념했다. 한데 그만 흉년이 들었다. 먹어야 사는 생명한테 굶주림보다 더 비참한 것은 또 없었다.

결국 소 판 돈 70원(지금 돈 약 700만 원)을 훔쳐들고 다시금 가출해서 서울로 올라왔다. 덕수궁 옆에 있던 경성실천부기학원에 두 달을 다니다 그만 아버지에게 다시금 덜미가 잡혔다. 부기 학원을 다녀봤자 일본놈들 고쓰가이(사환)밖에 더 하겠느냐며 우시는 아버지를 따라 속절없이 고향으로 돌아가야 했다.

하지만 찢어지게 가난한 고향은 그를 오래 붙잡아두지 못했다. 어쨌든 고향을 떠나 넓은 세상으로 나아가고만 싶었다.

19세가 되던 해 봄, 그는 친구에게 돈을 좀 빌려서 무작정 서울로 갔다. 꿈에 그리던 서울이었다.

정주영의 어린 시절은 이처럼 꽤 우여곡절이 많고 시끌벅적했던 것 같다. 비록 찢어지게 가난했으나 적어도 외톨이가 아니었던 것만은 분명하다. 바깥에 나갔다 들어오면 가난한 흥부네 같이 정겨운 식구들로 넘쳐났고, 또한 바깥으로 나가면 반가운 친구가 적잖았던 것으로 보인다.

또 이 같은 어린 시절의 환경은 그의 주변이 늘 사람들로 득실거리게 만들었다. 사람들이 늘 득실거리면서 내면을 지향하는 것과는 달리 바깥으로 향하는 에너지가 한사코 그를 외면으로 이끌었다. 예컨대 생각하는 이성이 우세하다기보다는 이른바 감성의 지배가 우세한 우뇌右腦형의 인간, 곧 디오니소스動的 인간형의 성격을 형성하는 데 결정적인 토양이 된다.

그렇대도 낯선 타향에서의 삶은 생각보다 녹녹지 않았던 것 같다. 배운 것이라곤 없는 그가 할 수 있는 일은 기껏해야 공사장의 막노동뿐이었다. 정주영은 지금의 고려대학교 신축 공사장에서 돌과 목재를 나르는 막노동 일을 두 달 가까이 했다.

이후 용산역 근처에 있는 풍전 엿 공장(지금의 동양제과)에 잔심부름꾼으로 들어갔다. 우연히 그 앞을 지나가다 정문 옆 담장에 붙어 있는 '견습공 모집'이라는 제목의 벽보를 보고서 무턱대고 찾아들어간 직장이었다.

엿 공장의 일은 막노동보다는 수월했지만 보수가 별

로였다. 별다른 기술도 배울 수가 없었다. 장래가 보이지 않기는 막노동과 다를 게 없었다.

    정주영은 짬만 나면 무작정 거리를 쏘다니고 다녔다. 좀 더 나은 일자리를 찾아 기웃거렸다.

    그러다 신당동에 자리한 복흥상회라는 쌀가게의 배달원으로 취직하였다. 이는 그의 처지로 볼 때 행운이 아닐 수 없었다. 무엇보다 안정적인 데다, 점심 식사와 저녁 식사를 제공하고 월급으로 쌀 한 가마니를 주었기 때문이다.

    정주영은 이처럼 태생에서부터 밑바닥 인생이었다. 찢어지게 가난한 농부의 아들이었을 따름이다.

    그런 만큼 출발 역시 아무런 그림도 그려지지 않은 밑바닥의 백지장일 수밖에 없었다. 이처럼 정주영의 출발점의 문턱이 낮기에 거리감이 크게 느껴지지 않는다.

인수한 쌀가게로 역사 앞에 서다

정주영은 단지 불알 두 쪽뿐이었다. 그 이상의 처지도 운명도 아니었다. 어렵사리 쌀가게 배달원이 되자 매일같이 감지덕지했다.

그러므로 쌀가게 일을 할 때에는 마치 자신의 아버지가 농사일을 하듯 그야말로 전심전력을 다했다. 매일같이 누구보다 일찍 새벽에 나가 쌀가게 앞을 깨끗이 쓸고 물까지 뿌려놓은 것으로 일과를 시작했다.

쌀가게 주인은 기특해했다. 게으른 난봉꾼 아들 때문에 골치를 썩이던 쌀 가게 주인은 그저 열심히 되질과 말질을 배우면서 쓸고, 닦으며, 배달하고, 명랑하게 손님을 응대하는 젊은 정주영을 좋아했다.

반년쯤 지났을까? 쌀가게 주인은 장부를 아예 정주영에게 맡겨버렸다. 곡간의 열쇠를 쥐어줄 만큼 신임하게 된 것이다.

그날 그는 쌀과 잡곡이 한데 섞여 있어 오래전부터 온통 뒤죽박죽이던 창고를 말끔하게 정리정돈해 놓았다. 쌀은 쌀대로 한 곳으로 몰아 줄지어 쌓아두고, 잡곡은 잡곡대로 또 그렇게 정리해서 재고를 쉽게 파악할 수 있도록 해놓았다.

장부도 원장元帳과 고객별 분개장으로 나누어 놓았는데, 소 판 돈 70원을 훔쳐들고 세 번째 가출을 하여 서울에서 두 달 다니다 만 부기학원에서 배운 공부를 요긴하게 써먹었다. 쌀가게 주인의 입이 당연히 벌어졌음은 물론이다.

그렇게 다시 2년이 지났다. 쌀가게 주인으로부터 복흥상회를 인수할 의향이 없느냐는 뜻밖의 제의를 받았다. 경성 바닥이 좁다며 만주까지 들락거리며 가산을 탕진하고 있는 난봉꾼 아들 때문에 울화병이 생긴 주인이 그만 의욕을 잃고 쌀가게를 내놓고 싶다고 했다.

단지 불알 두 쪽뿐이었던 정주영은 돈 되는 굵직한 단골을 그대로 물려받고, 쌀은 월말에 정산하는 조건으로 얼마든지 대어준다는 정미소의 약속까지 받아낸 뒤 사글세로 쌀가게를 인수하게 되었다. 그런 뒤 서울에서 제일가는 쌀가게를 만든다는 포부로 '경일京一상회'란 간판을 새로이 내걸었다. 정주영의 나이 24살, 고향을 떠난 지 4년여 만인 1938년 섣달이었다. '현대 100년 경영'의 시작점이 열리는 순간이었다.

그는 자신의 첫 사업인 쌀가게 '경일상회'에 모든 걸 쏟아 부었다. 예의 '끝까지 최선의 노력을 다하는' 그만의 자세로 임했다.

고향에서 사촌동생을 불러들여 쌀 배달을 하면서도, 그는 이미 확보하고 있던 단골말고도 더 큰 고객을 만들기 위해 부지런히 새 거래처를 찾아다녔다. 덕분에 대량으로 공급할 수 있는 배화여고와 서울여상 기숙사까지 단골로 만들어 나가면서 쌀장사는 날로 번창 일로였다.

하지만 이내 뜻하지 않은 비운에 휩싸이고 만다. 1939년 조선총독부는 미곡통제배급법을 제정·시행했다. 이에 따라 쌀의 시장 유통이 금지되고 쌀 배급제가 전면적으로 시행되면서 전국의 쌀가게가 강압에 의해 일제히 문을 닫아야 했다. '경일상회'를 시작한 지 불과 2년여 만의 일이었다.

정주영은 속절없이 쌀가게 '경일상회'를 정리하지 않으면 안 되었다. 그동안 힘들게 번 돈을 갖고 고향집으로 돌아가야 했다. '촌놈은 땅이 최고'라는 평소 생각에 따라 부모님에게 논 10마지기(2,000평)를 사드렸다.

실패는 아니었다. 비록 일제의 강압에 의해 쌀가게를 폐업하긴 하였으나 그는 무한한 가능성을 발견했다. 가진 거라곤 그저 불알 두 쪽뿐이었지만, 자신의 문법이 통할 수 있다는 자신감을 갖게 되었다. 어느 사이엔가 자신만의 새로운 의지, 곧 '할 수 있을 것 같다'는 아주 작은 확신만 보이면 앞뒤 가리지 않고 끝까지 최선을 다했다. 또 그처럼 실천을 주도해 나가면 자신의 영토를 얻을 수 있다는 '정벌경영'이 신앙처럼 뿌리내리기 시작한 것이다.

또한 그와 같이 '내 문법대로 하니까 할 수 있더라'는 정벌경영이 시작되면서, 자신만의 강렬한 개성과 열정적 성격이 점차 확연히 드러나게 되었거나 더욱 강화되었을 것으로 보인다. 곧 그 같은 경영의 에토스가 이후 정주영의 천성으로 구축되었을 것이다.

운명처럼 만난 자동차와의 첫 인연

쌀가게 '경일상회'를 정리한 뒤 고향집에 오래 머물지 않았다. 이듬해 초 다시금 서울로 올라왔다. 이리저리 길거리를 쏘다니며 할 일을 찾아 헤맸다. 수중에 가지고 있던 7,800원(지금 돈 약 7천 800만 원)을 밑천 삼아 뭔가 할 만한 사업이 없을까 궁리하던 중에 운명처럼 우연히 엔진 기술자 이을학을 만났다.

두 사람은 이내 의기투합했다. 정주영으로선 듣지도 보지도 못한 자동차 수리 공장을 인수키로 한 것이다.

한데 인수 자금이 모자랐다. 정주영은 자기 수중에 있던 돈에다, 쌀가게를 할 때 신용을 쌓은 삼창정미소 오윤근 사장을 찾아가 빚을 얻어 보탰다. 아현동 고개에 자리한 '아도서비스'라는 자동차 수리 공장을 3,500원(지금 돈 약 3억 5,000만 원)에 인수하게 되었다. 현대가 자동차와 첫 인연을 맺은 것이다.

자동차 수리 공장인 '아도서비스'를 인수한 정주영은 처음 20여 일 동안 밤잠도 못 자면서 신명나게 일했다. 이을학이 워낙 소문난 기술자라 주문이 끊이지 않았다.

한데 또다시 불운이 겹쳤다. 갑자기 화재가 일어나 공장이 몽땅 불타고 말았다. 수리해 달라고 맡겨놓은 트럭 5대와 함께 당시 최고 권력자인 윤덕영이 타던 올스모빌 고급 세단까지 모두 다 불타 버리는 바람에 그만 빚더미에 올라앉게 되었다.

하지만 그대로 좌절하기에는 너무나 젊은 청춘이었다. 다시 한번 무릎을 꿇기로 했다. 삼창정미소 오윤근 사장을 찾아가 3,500원(지금 돈 약 3억 5,000만 원)을 빌렸다. 적지 않은 금액을 그의 신용만을 담보로 해서 빌린 것이었다.

그렇게 빚을 얻어 화재로 말미암아 발생한 빚을 모두 갚고 나자, 수중에 몇 푼 남지 않았다. 정주영은 그 돈을 털어 신설동 빈터에다 자동차 수리 공장 '아도서비스'를 다시 시작했다. 당시 법으로는 자동차 수리 공장의 허가는 자동차 제조 공장에만 주어졌기에 자동차 수리 공장 허가를 얻는다는 건 거의 불가능했다.

그처럼 무허가였기 때문에 하루하루가 살얼음판이었다. 동대문경찰서의 순사가 허구한 날 들이닥쳤다. 당장 닫아 걸지 않으면 잡아넣겠다는 으름장을 놓았다.

그런 와중에 공장은 공장대로 버텨 나가면서, 한편으론 날이면 날마다 매일 새벽 같은 시간에 동대문경찰서 보안계장인 곤도近藤의 집에 찾아가서 거듭 사정했다. 그런다고 제대로 상대해줄 리가 만무했다. 문전박대를 받아가면서도 그렇게 한 달여를 쫓아다녔을까. 곤도는 이렇게 말했다.

"내가 손을 들었다. 너는 구속해야 마땅한 사람이지만, 매일 아침 찾아오는 사람을 어떻게 구속하나? 나쁜 짓을 하는 건 아니지만, 법을 어기고 있는 건 사실이니까. 위법을 하더라도 우리 체면을 생각해서 영리하게 하라"

보안계장은 우선 대로변에서 공장이 눈에 보이지 않

게 판자로 울타리를 치고 숨어서 하는 시늉이라도 하라고 충고했다. 한 달여를 매일같이 찾아다닌 나의 '더 하려야 더 할 게 없는 마지막까지의 최선'이 얻어낸 결과였다.

당시만 해도 경성 시내에 있는 자동차 수리 공장이라고 해봐야 지금의 을지로 6가에 자리한 경성서비스, 혜화동 로터리에 자리한 경성공업사, 종로 5가에 자리한 일진공작소 정도였다. 한데 그들 자동차 수리 공장은 별것 아닌 고장도 마치 큰 고장이라도 난 것처럼 수리 기간을 길게 잡아서 수리비 바가지를 씌우곤 했었다.

그러나 정주영의 무허가 자동차 수리 공장에선 그 반대였다. 수리 기간이 열흘 정도 된다고 해놓고 사흘쯤으로 단축해서 비싼 수리비를 청구하는 방법을 썼다. 자동차를 자신의 발처럼 쓰는 차주들에겐 빨리 고치는 게 반갑지 수리비가 문제가 아니었다. 그의 신설동 무허가 자동차 수리 공장엔 고장 난 차가 물밀 듯이 들어왔다.

여전히 무허가였지만 동대문경찰서의 묵인하에 훨씬 마음 편하게 자동차 수리 공장을 운영하면서, 그는 낮에는 돌아다니며 안면을 익히고 수리 주문을 받으며 수리비를 수금했다. 밤에는 다른 직공들과 마찬가지로 똑같이 먹고 똑같이 손에 기름을 묻힌 채로 같이 밤새워 일을 했다.

그렇게 직접 자동차 수리 작업을 한 덕분에 그는 얼마 지나지 않아 자동차에 들어가 있는 기계 부품의 모든 기능을 거의 완벽하게 이해하게 되었다. 그리고 이때 체험으로 배운 자동차에 대한 지식은 두고두고 요소요소에 유용하게 써먹을 수가 있었다.

아무렇든 신설동의 무허가 '아도서비스' 공장은 정신없이 밀려드는 일감으로 눈코 뜰 새 없이 바쁘게 돌아갔다. 그 덕분에 정주영은 돈도 꽤나 많이 벌어들였다. 오윤근에게 빌린 돈도 이자까지 쳐서 말끔히 갚을 수 있게 되면서, 그 사람 일생에 '사람을 잘못 보았다가 돈 떼어 먹혔다'는 오점을 남기지 않게 되었다.

그러나 시국은 여전히 불안하기만 했다. 과대망상에 빠진 일본은 급기야 태평양전쟁(1941)을 일으켰고, 이듬해 5월에는 기업정비령을 내렸다. 정주영의 자동차 수리공장 '아도서비스' 또한 종로에 자리한 일진공작소에 강제 병합되고 말았다.

 이후 자동차 수리 공장을 하면서 알게 된 유화광천 사장을 찾아갔다. 사장의 아들이 조선제련과 관계가 있었기 때문에, 조선제련의 광산의 어디에서라도 일을 좀 하게 해달라고 생떼를 쓰다시피 매달렸다.

 이번에도 자동차와 관련한 일이었다. 황해도 수안군에 있는 홀동광산에서 평안남도 진남포 제련소까지 옮겨지는 광석을 평양의 선교리까지만 운반하는 하청 계약을 가까스로 맺을 수 있게 되었다. 말이 하청이지 자그마치 트럭 30대가 동원되어야 하는 대규모 운송 사업이었다.

 보증금 3만 원을 넣고, 엔진 소리만 듣고도 차의 어디가 어떻게 고장이 났는가를 집어내는 자동차 귀신인 김영주를 정비 책임자로 붙였다. 광산에 있던 헌 트럭 10대와 새로이 마련한 트럭 2대를 갖고 일을 시작했다. 산악지대인 데다 130km가 넘는 길고 긴 운송 거리는 노면까지 험난하여, 자동차 고장이 잦아 하루 한 번 운송하는 것도 버거웠다.

 거기다 더 힘든 것은 여간한 참을성을 가진 사람이 아

니면 견뎌낼 수가 없는 홀동광산 소장과 동기생인 관리 책임자의 은근한 적대감이었다. 너무 많이 실었다, 너무 적게 실었다, 금덩이 같은 광석을 왜 질질 흘리고 다니냐는 등, 시시콜콜하게 해대는 잔소리가 하루에도 몇 번씩 울뚝뱁을 건드렸다.

나중에야 안 사실이지만 그는 '어디서 굴러 들어온 돌'인 정주영을 밀어내고 대신 자기 동기생을 끌어들이고 싶었던 사람이었다. 운송업도 운송업이라지만, 당장 징용에 끌려가지 않으려면 등신인 척 그저 참을 수밖에는 없었다.

하지만 참는 데도 한계가 있었다. 버티고 버티다 2년여가 지난 1945년 여름, 정주영은 그만 관리 책임자에게 하청 계약을 넘겨주고 말았다.

보증금 3만 원과 하청 계약을 넘겨주면서 받은 2만 원을 합쳐 5만 원을 들고 홀동광산을 뒤도 돌아보지 않고 떠났다. 이익을 본 것도 손해를 본 것도 없다지만, 손에 쥔 게 전혀 없어 오직 신용 하나만으로 쌀가게를 인수하여 경영을 시작한 지 8년여 만에 5만 원(지금 돈 약 50억 원)

의 재산을 손에 쥔 채 가족을 데리고 앓던 이를 뺀 것보다 더 시원하게 홀동광산을 뜰 수 있었다.

한데 그러한 결단은 곧 천우신조였다. 그가 광산을 떠난 지 딱 석 달 만에 일본이 패망했다. 일본이 패망하면서 1945년 8·15해방을 맞이했다.

결국 홀동광산도 폐광되었다. 그곳에 있던 일본인들은 모두 소련군 포로로 잡혀갔다.

만일 그가 그 자리에서 뭉그적거리며 일을 계속하고 있었더라면 그동안 모은 5만 원의 재산을 모두 잃었을 되었을 터이고, 운수가 불길했으면 일본인들과 도매금으로 시베리아에 끌려갔을는지도 모른다.

아무렇든 일제의 강제 사슬로부터 비로소 벗어날 수 있었다. 새로운 희망에 부풀어 올랐던 것이다.

백수의 몸으로 8·15해방을 맞이하다

그렇듯 홀동광산에서 손을 털었던 1945년 5월부터 이듬해 4월, 초동에 '현대자동차공업사' 간판을 내걸기까지 1년여 동안은 정주영의 전 생애를 통해 유일하게 백지장 같은 시기였다. 아무런 일도 하지 않는 백수건달로 살았다. 그때 그는 신설동에 자리한 무허가 자동차 수리 공장을 하면서 모은 돈으로 샀던 돈암동의 자그마한 기와집에서, 스무 명이나 되는 대식구와 함께 모여 살았다.

가장 먼저 부모님을 고향에서 돈암동 집으로 모셔왔고, 둘째 인영과 셋째 순영의 혼례를 그 작은 집에서 차례대로 치러냈다. 학교 때문에 고향에 남아있던 넷째 세영이와 다섯째 신영이는 그가 홀동광산의 일을 걷어치우기

두 달 전에 가서 데리고 상경했다.

부모님과 모든 형제, 그리고 혼인한 부부 사이에서 태어난 아이들까지 모두 스무 명의 대가족이 스무 평 남짓한 그 좁은 집에서 어떻게 살았는지 그저 신기할 따름이다.

스무 명의 식솔이 먹어대는 식량만도 만만치가 않았다. 그래도 다행히 벌어 놓은 돈이 얼마쯤 있어 아이들 배를 곯릴 정도는 아니었다.

새로이 할 만한 마땅한 일감은 좀처럼 보이질 않았다. 그래도 매일같이 아침밥만 먹으면 매제와 셋째 순영이를 데리고 무슨 볼일이라도 있는 것처럼 서둘러 집을 나서곤 했다. 그렇게 했어도 역시 백수건달이었을 따름이다.

그럼에도 정주영은 이렇게 회고하고 있다. 돈암동에서 백수로 보낸 1년간이 아마도 자신이 생애 가운데 유일하게 가정적인 가장의 노릇을 했던 시기였다라고.

부친은 담배를 즐겨 피웠다. 당시엔 라이터는커녕 성냥도 귀해서 담배보다도 담뱃불 구하기가 더 어려웠었다. 그는 부친의 담뱃불 고생을 덜어드릴 무슨 방법이 없을까 궁리한 끝에, 구리 전깃줄에 흑연을 부딪쳐 점화하는 자동차 점화 원리를 응용해 보자는 생각이 들었다. 전깃줄에 구리 선을 연결하여 흑연으로 부싯돌을 대신해서 몇 번 시도해 보았더니, 곰방대에 불이 붙었다. 그때 부친이 기뻐하던 얼굴이 아직 눈앞에 선하다고 그는 평생 얘기했었다.

형제들 가운데 그가 어머니를 가장 많이 닮았다는 소리 듣곤 했다고 한다. 그의 어머닌 여자로서는 좀 심할 정도로 손발이 컸다. 유난히 큰 발 때문에 발에 맞는 신발이 없어서 평생 고생했다는데, 여느 때는 남자 고무신으로 지내기 일쑤였다. 그러다 며느리를 맞는다든가, 사돈댁을 만나야 한다든가 할 때는 발에 맞는 여자 고무신이 없어서 낭패를 겪었다. 여자 고무신이 25문(신발 치수)까지는 있었다고 하나, 시장에서 25문짜리를 구하기란 하늘의 별 따기만큼이나 어려웠다. 그런 어머니의 고충을 덜어드리기 위해 그는 양화점에 주문해서 하얀 가죽으로 된 25문짜리 신발을 맞춰드렸다.

그러나 평소 급한 성격만큼이나 걸음도 빠른 어머니

한테 가죽신은 편치만 않았다. 어머니는 남의 시선이 좀 줄었다고 느껴질 때면 가죽신을 벗고 버선발로 걷기 일쑤였다고 한다. 그래도 맏아들이 만들어준 가죽신이라고 결코 함부로 하지 않았을뿐더러, 한 짝은 겨드랑이에 끼고 나머지 한 짝은 손에 들고 다니곤 했다고 한다.

식구가 많다 보니 밥 짓는 데 필요한 땔감도 문제였다. 고향 같으면 지게 지고 산에 올라갔다 내려오면 해결되는 땔감이 서울에서는 골칫거리가 아닐 수 없었다. 홀동광산에서 알게 된 사람을 찾아 변두리 숯막에 가서 숯을 트럭으로 사다 집에 들여줬을 때, 어머니를 비롯해 다섯 아낙이 놀라고 좋아하던 모습을 그는 늘그막까지 추억으로 떠올리곤 했다.

맏며느리인 그의 집사람의 고생도 물론 말할 것이 없었지만, 인영이 댁과 순영이 댁 두 제수씨의 고생도 말이 아니었다. 그때 둘째 인영이는 일본으로 공부하러 가고 없었다. 남편도 없이 대가족 속에서 시집살이를 하는 인영이 댁이 안쓰러워 그는 기회 있을 때마다 아내에게 특별히 마음을 쓰라고 일렀지만, 심덕은 좋으나 살가운 성격이 못 되는 아내는 별 도움이 되진 않았을 것이다.

순영이 댁인 둘째 제수씨는 정신대에 끌려가지 않으려고 열여덟에 시집을 왔다. 열여덟 어린 각시가 손 마를 날이 없이 부엌살림이며 빨래며 일에 파묻혀서 사는 모습도 그가 보기에 무척 안타까웠다.

당시엔 부모 앞에서 제 처자식을 아끼는 티를 내는 것이 금기였을 뿐 아니라 인영이는 유학을 가고 없고, 순영이는 부친의 성격을 그대로 빼닮아 무뚝뚝하니 제수씨들은 고달픈 시집살이를 하면서 위로라고는 받을 데가 없었다.

하루는 갑자기 순영이 댁이 대성통곡하는 소리가 들렸다. 그는 아내에게 이유를 알아보니 개울에 가서 빨래를 하고 들어오더니 그렇게 운다고 했다. 한겨울이었는데 눈 쌓인 냇가에서 끝도 없이 많은 빨래를 하고 들어와 쌓이고 쌓인 설움이 그만 한꺼번에 북받쳐 올라 대성통곡하게 된 모양이었다.

그때부터 그는 단성사에 새 영화가 들어오면 여동생 희영이와 두 제수씨를 데리고 영화 구경을 가곤 했다. 또 그런 날이면 영화를 보고 난 후에 외식도 했다. 가끔은 양식도 먹고는 했다고 한다. 젖먹이가 딸려서, 그리고 맏며느리로서 부모의 수발을 들어야 하는 아내는 그러한 외출에 끼지 못한 채 늘 집을 지켜야 했는데, 세 여인은 그의 아내한테 미안해서 외식만은 비밀을 지켜야 했다.

1945년 8·15해방 직후였기에 아직은 어수선한 때였다. 건강이 여의치 않아 미뤄왔던 부친의 환갑 겸 진갑 잔치를 치르기로 했다. 잔치를 베풀기 위해 부모가 먼저 고향 통천으로 갔다. 부친의 형제들이 살고 있는 고향에서 진갑 잔치를 하기 위해 그는 돈암동 집을 여동생 희영이와 순영이 댁한테 맡기고 전 가족이 모두 고향으로 갔다.

사흘에 걸쳐 밤낮으로 푸짐한 잔치를 끝내고 서울로 돌아오려는데, 고향으로 올 땐 멀쩡했던 길이 사흘 사이에 느닷없이 교통편도 끊기고 통제가 심해져 있었다. 어물거리다가는 큰일 나겠다 싶어 복개에서부터 산길을 더듬어 걷기로 했다. 까딱 잘못하여 소련군에게 잡혀 식구들이 뿔뿔이 흩어지기라도 하면 큰일이었다. 숨고 숨어, 또 걷고 걸어 복개에서 적성 땅에 닿았는데, 한탄강이 앞을 가로막았다.

　강물이 만만치가 않았다. 얕은 곳이라도 정주영 키의 절반을 넘었다. 고향에서부터 이미 가래톳이 서고 열이 나며 아팠던 어린 아들 몽근이(현대백화점그룹 회장)를 목마를 태우고 왔던 그가 먼저 옷을 다 벗고 팬티바람으로 강물로 들어섰다. 어떻게든 강을 건너지 않고서는 집으로 돌아갈 수가 없었다.

　식구들도 그의 뒤를 따랐다. 벗을 수 있는 옷은 다 벗고 강물을 건너야 했다. 부모, 아들들, 며느리 할 것 없이 모두 겉옷을 다 벗고 속옷 차림으로 강을 건너는 진풍경이 벌어졌다.

'현대자동차'와 '현대토건사'의 간판을 걸다

　　일제의 오랜 식민 통치가 마침내 종식되었다지만, 나라 안은 어수선하기 짝이 없었다. 오랜 세월 일제 식민 지배의 억압과 공포 속에 갇혀 있다가 갑작스럽게 맞이한 해방 공간에서 정치적 구심점이 없었기에 저마다 길을 잃은 미아처럼 우왕좌왕하고 있었다.

　　정주영은 그런 시대의 격랑 속의 한 사람이었다. 8·15 해방 이듬해 기업을 해보겠다는 여느 사람들과 마찬가지로 미군정美軍政이 일본으로부터 압수한 적산敵産의 땅 2백여 평을 불하받았다. 지금의 초동 아시아경제신문사 부근이었다.

　　그곳에다 '현대자동차공업사'라는 간판을 내걸었다.

처음으로 현대現代라는 상호를 내세웠다. 과거 '아도서비스' 자동차 수리 공장을 운영했을 때의 경험, 예컨대 자동차에 들어가 있는 갖가지 기계의 모든 기능을 거의 완벽하게 이해한 것을 밑천 삼아 다시금 자동차 수리 공장을 시작한 것이다.

정주영의 '현대자동차공업사'는 초창기엔 미군 병기창에 가서 엔진을 바꿔 단다든가 하는 작업을 청부받아 하다가, 이듬해부터는 낡아빠진 일제 고물차를 용도에 따라 개조해서 제작해내는 일까지 해냈다. 1.5톤짜리 트럭의 중간 부분을 좀 더 늘려서 2.5톤짜리로 만들어 내거나, 휘발유가 귀한 당시 사정 때문에 휘발유차를 목탄차나 카바이드차로 개조하는 일이 많았다.

돌아보면 우리나라에 맨 처음 자동차가 등장한 시기는 구한말(1903)이었다. 고종 황제 즉위 40주년을 맞아 미국 공사 알렌이 선물용으로 들여온 포드 오픈카였다. 당시 국내에서 운전기사를 구할 길이 없어 일본인이 이 자동차를 운전했다. 하지만 이듬해 벌어진 러일전쟁(1904) 이후 이 최초의 자동차는 감쪽같이 사라졌다.

이어 영국산 다임러 1대와 미국산 GM 캐딜락 1대가 들어왔다(1911). 고종과 순종이 궁궐 안에서 타고 다니기 위한 황실 의전용 리무진이었다. 지금도 경복궁의 고궁박물관에 가보면 그때 그 자동차를 직접 볼 수 있다.

일반 백성들이 자동차를 처음으로 볼 수 있었던 때는 1908년이었다. 같은 해 프랑스 공사가 들여온 빨간색 르노였다. 민간인으로 자동차를 가장 먼저 소유한 이는 천도교 제3대 교주 손병희다.

최초의 시내버스는 1928년 운행을 시작한 경성의 부영버스였다. 진하면서도 산뜻한 남색 버스 10대였는데, 경성역을 기점으로 남대문 → 조선은행 → 경성부청 → 총독부 → 창덕궁 → 초동 → 필동 → 남학동 → 저동 → 황금정(을지로) → 조선은행 → 경성역으로 돌아오는 단일 노선이었다. 버스 요금은 7전(약 7,000원)으로 싸지 않은 편이었으나, 늘 많은 승객으로 북적였다.

택시 사업은 그보다 조금 빨랐다(1913). 이봉래가 일본인과 동업으로 승용차 2대를 들여와, 시간제 임대 형식으로 영업을 시작했다. 요금이 워낙 비싸 주요 고객은 고

관이거나 기생이었다.

최초의 택시 회사는 노무라 겐조의 경성택시였다(1919). 이때 택시는 미터기가 없이 시간당 요금제로 1시간에 6원(약 60만 원)을 받거나, 경성 시내를 한 바퀴 도는 데 3원(약 30만 원)을 받았다.

당시 경성 시내를 누비는 자동차는 50대 정도였다. 1930년대 중반에 이르면 500대까지 늘어난다.

그러다 8·15해방 이후 자동차 대수가 크게 늘었다. 서울 시내에 5,000여 대가 굴러다니게 된다. 전쟁 이후 도시가 급격하게 팽창하고 인구 이동이 가속되면서 무엇보다 운송 수단에 대한 수요가 급증한 것이다.

그러면서 전쟁이 휩쓸고 지나간 잿더미 속에서 이제 막 전후 복구가 한창이던 1955년에는 자동차 수리를 하면서 쌓은 노하우로 자동차를 뚝딱 만들어내기(?) 시작한다.

물론 공장이 따로 있을 리 없었다. 맨땅 위에 천막을 둘러친 채 사람들이 한데 모여 드럼통을 망치로 두들겨 펴고, 부품을 껴맞춰 제작하는 수준이었다. 철판의 가공 공정을 줄이기 위한 기발한 아이디어도 등장했다. 원형의 드럼통을 절반으로 잘라내어 대충 편 다음, 한밤중이 되면 공장 앞 길거리에다 내다놓았다. 그러면 밤새 육중한 미군의 GMC 트럭들이 그 위를 지나다니면서 반듯이 편 듯 납작하게 만들어 주었다.

    그렇듯 반듯하게 펴진 철판을 손으로 정교하게 다듬었다. 보다 세련되게 다듬어 나갔다.

    하기는 전쟁이 휩쓸고 지나간 폐허 위에 무엇 하나 변변한 것이 있을 리 만무했다. 해방 이후 미국에서 들어온 것이라면 무엇이든 가져다 일상에 필요한 물건으로 대체해 쓰던 시절이었다. 물건을 담았던 골판지나 나무 박스는 판잣집의 벽체나 지붕으로 활용되었다. 통조림 깡통은 쓰임새가 더 많았다. 밥그릇에서부터 냄비, 등잔, 단추와 필통 등과 같은 다양한 물건으로 재생되어 쓰였다.

    한데 뜻하지 않게 6·25전쟁이 발발했다. 전쟁 수행에 필요한 무기와 탄약, 식량 등의 물자를 수송하는 미군의 2.5톤 GMC 트럭과 함께 석유를 싣고 온 드럼통이 넘치도록 들어왔다.

그런 2.5톤 GMC 트럭 한 대의 차대는 '현대자동차공업사'의 손을 거치면서 감쪽같이 버스로 만들어져 나왔다. 3/4톤 무기 수송 차량의 차대는 승합차로, 군용 드럼통은 승용차의 차체로 변신했다. 첫 국산차인 시발 또한 이런 '깡통문화'로 대변되는, 전후에 남겨진 군수물자를 활용하여 탄생된 것이다.

물론 군용 차량의 엔진과 차축만 있으면 드럼통을 망치로 두들겨 펴고 부품을 껴 맞춰 버스와 같은 차량으로 만들어내는 건 '현대자동차공업사'만의 기술(?)이었다. 일제 강점기인 1940년대부터 꾸준히 쌓아온 눈썰미, 손재주, 어림짐작의 지각이 총동원된 숨은 노하우였다.

이처럼 정주영의 '현대자동차공업사'에선 1950년대 중반 자동차를 뚝딱 만들어내기(?) 시작했다. 낡아빠진 일제 고물차를 용도에 따라 개조해서 제작해 내거나, 1.5톤짜리 트럭의 중간 부분을 좀 더 늘려서 2.5톤짜리로 만들어 내거나, 휘발유가 귀해 휘발유차를 목탄차나 카바이드차로 개조하는 작업이었다.

어쨌든 해방 이후 교통량이 하루가 다르게 늘어나면

서 정주영의 '현대자동차공업사'는 날로 번창해 나갔다. 한두 사람씩 늘어가던 정업원이 금방 30명이 되더니 한 해 만에 80명까지 늘어났다.

그가 어렸을 때 집에서 어린아이 똥기저귀를 빨다가도 이웃에서 애 울음소리가 들리면 팽개치고 달려가 달래 줄 정도로 정이 많았던 그의 어머니는, 예의 회사 직원들을 자식처럼 돌보고 보살폈다. 봄가을 야유회라도 갈 때면 그의 아내는 물론 인영이 안사람, 순영이 안사람, 누이동생 희영이가 전부 동원되었다. 음식을 푸짐하게 장만하고는 했다. 그는 배고픈 게 무엇인지 아는 사람이기에 처음부터 직원들 먹이는 것에 대해서는 후했다. 그의 아내도, 희영이도, 집안의 안사람도 그의 어머니를 닮아 남에게 주는 손이 크고 인심이 좋았다.

그는 한편 미군 병기창도 부지런히 쫓아다녔다. 미군 병기창에 가서 엔진을 바꿔 단다든가 하는 작업의 청부를 받기 위해 미군 부대에도 발이 닳도록 출입했다.

그렇게 견적을 넣고 수금을 하던 어느 날이었다. 건설업자들이 공사비를 정산받아가는 것을 보곤 깜짝 놀랐다. 자동차 수리를 해주면서 자신이 받아가는 수금액이 많아야 한 번에 30~40만 원인 데 반해, 건설업자들은 1,000만 원씩 받아가는 것이었다.

그걸 보자 정신이 번쩍 들었다. 업종이 좀 다를 뿐 들이는 노력은 같은데, 기왕이면 나도 좀 큰돈을 받아내는 일을 해야겠다고 생각했다. 하지만 주위에서 반대가 심했다. 자본도 경험도 없이 새로운 업종에 뛰어드는 건 무모한 짓이라며 그냥 자동차 수리 공장이나 열심히 하라고 하였다.

하지만 그런다고 물러설 정주영이 아니었다. 주위의 반대에도 무릅쓰고 당장 초동의 '현대자동차공업사' 건물 안에 '현대토건사'라는 간판 하나를 더 달았다. 지금의 '현대건설'의 출발을 알리는 정주영식 영토 확장이었다.

가진 거라곤 단지 불알 두 쪽뿐이었던 그가 순전히 '할 수 있을 것 같다'는 아주 작은 확신만 보이면 앞뒤 가리지 않고 끝까지 최선의 노력을 다하는 남다른 열정으로 이룬 창업이었다. 쌀가게 '경일상회' → 자동차 수리공장 '아도서비스' → 홀동금광에서의 '운송업' → '현대자동차공업사' → '현대토건사'로 이어지는 현대왕국의 창업기였다. 시작은 보잘것없었으나 처음 쌀가게로 창업해서 학습하고 단련하여 토대를 닦은 뒤, 그 같은 경험을 바탕으로 과감히 외연을 넓혀나가 단숨에 몸집을 불려나가는 방식이었다. 마치 그것은 칭기즈칸이 몽골 초원에서 소수의 기병부대를 이끌고 서쪽으로 또 서쪽으로 거침없이 내닫던 것과 같은 그만의 경제 영토 확장이 마침내 본격적으로 시작된 것이었다.

2장

현대가 되다

6·25전쟁으로 또다시 모든 걸 잃다

'현대자동차공업사'와 '현대토건사'의 간판을 내걸고 한창 동분서주하고 있을 때였다. 정주영에게 이제 시련은 다 끝난 것 같았다. 그저 부지런히 뛰어다니면서 일거리를 찾으면 그만인 줄 알았다.

한데 그만 6·25전쟁이 터졌다. 누구도 예기치 못한 날벼락이었다. 1950년 6월 25일 새벽, 전쟁은 해방과 마찬가지로 그야말로 기습적으로 발발했다.

전쟁이 발발하기 하루 전, 육군본부 정보국은 북한의 대규모 병력이 38선에 집결했다는 보고를 했다. 군 수뇌부는 같은 날 바로 비상경계령을 해제했다. 그날은 주말이라 거의 절반에 해당하는 병력이 외출했다. 그날 저녁의 육군본부 장교클럽 낙성파티에는 전방부대 사단장까지 초청되어 밤새 술판에다 탱고, 블루스 같은 춤판까지 벌어졌다. 파티는 새벽 2시, 북이 기습 남침을 하기 2시간 전까지 계속된 셈이다.

서울 시민들 역시 다르지 않았다. 멀리서 들려오는 포성에 크게 놀라지 않았다. 이전부터 38선에서 충돌이 빈번했던 터라 대수롭지 않게 생각하는 이가 더 많았다.

한데 군용차가 거리를 질주했다. "3군 장병들은 빨리 원대로 복귀하라!"라는 가두 방송이 요란해지면서 조금씩 동요하기 시작했으나, 무슨 일인지 통 알 길이 없었다. 아침 7시가 넘어서야 방송은 북한군이 남침했다는 소식만을 간단히 전했을 따름이다.

이틀이 더 지난 27일 밤 9시경, 서울중앙방송은 정부 명령에 따라, 대통령 이승만이 서울에서 방송하는 것처럼 꾸며 사전에 녹음된 방송을 내보냈다. 대통령 이하 국무위원 전원이 평상시와 다름없이 중앙청에서 집무하고 있음은 물론 서울을 사수하기로 하였으니 적을 곧 물리칠 수 있을 거라며 모두 안심하라고 했다.

그러나 방송이 나갔을 땐 대통령 이승만은 이미 특별 열차를 타고 서울을 감쪽같이 빠져나간 뒤였다. 이승만과 정부 수뇌부는 진즉 서울을 벗어나 피난을 떠난 뒤였으며, 아무런 예고도 없이 28일 새벽 한강 철교를 폭파시켜 버렸다. 뒤늦게 피난길에 올랐던 사람들 중에서 한강 철교 폭파로 얼마나 많은 사람이 희생되었는지는 전혀 알 수 없었다.

전쟁이 터지고 난 이틀 뒤였다. 동생 정인영이 장충동 정주영의 집으로 헐레벌떡 뛰어왔다. 북한군이 탱크를 앞장세워 미아리 고개까지 쳐들어왔다는 것이다. 동생 정인영은 당시 동아일보 외신부 기자였다.

정주영은 동생과 함께 지프차를 타고 단숨에 초동 '현대자동차공업사'로 달려갔다. 그 사이 서울 시내엔 벌써 북한군 탱크가 다니고 있었다. 정주영과 정인영은 정신이 아득해졌다.

정주영은 다시 집으로 돌아왔다. 동생 정인영을 먼저 피난시키는 것이 급선무였다. 동생에게 먼저 피난을 가라고 했지만, 가만히 생각해보니 전쟁 통에 아우 혼자서 떠나보내는 것도 걱정스러워 하는 수 없이 그도 같이 가기로 했다.

대신 여자들은 서울에 남았다. 집에 쌀이 얼마나 남았는지 확인해보니 보리쌀 반 가마에 쌀 두 말 정도가 전부였다. 일단 당분간 먹을 정도의 양은 되는 것 같았다. 그때만 해도 단순히 불과 1~2주면 서울이 수복될 것이라고 생각했다.

그처럼 속절없이 집을 나서지 않으면 안 되었다. 8·15 해방 이후 서울에서 이룬 모든 것을 또다시 잃은 채 허둥지둥 남쪽으로 떠날 수밖에 없었다.

정주영은 동생 정인영과 한강을 건너 남쪽으로 다시 남쪽으로 기약 없는 피난길에 올랐다. 다시금 불알 두 쪽만 지닌 처지로 돌아갈 위기 속에 눈앞이 캄캄하기만 했다.

일생에 단 한 번, '한겨울의 푸른 잔디'

일기일회一期一會란 말이 있다. 일생에 단 한 번의 만남을 뜻한다. 백 년에 단 한 번, 천 년에 한 차례뿐인 귀한 만남이다. 이 한 번, 이 한 순간을 위해 과연 몇 겁의 생을 또 기다려야 했던 것일까?

전쟁의 혼란 속에 또다시 자신이 이룬 모든 것을 내버린 채 속절없이 피난길에 오를 수밖에 없었던 정주영은, 그러나 절망의 한숨뿐이었던 피난지에서 어느 날 밤 우연히 달빛을 밟는다. 그러나 그 달빛은 그냥 달빛이 아니었다. 그가 일생에 처음 밟은 첫 달빛이었다. 일기일회의 귀한 만남, 다시금 일어설 수 있게 하는 절호의 기회였다.

정주영은 동생 정인영과 함께 천신만고 끝에 출렁이

는 바닷물이 보이는 부산 땅을 가까스로 밟게 되었다. 꾸역꾸역 밀려든 피난민들로 아수라 같은 부산 땅을 밟으면서 긴 한숨을 내쉬었다.

'이젠 어떻게 살아가야 하나…?'

하지만 피난지 부산은 형제에게 절망의 땅만은 아니었다. 예기치 않은 또 다른 일기일회가 형제를 기다리고 있었다.

처음 한동안은 신세가 말이 아니었다. 피난 내려올 때 입고 온 단벌 노동복에 무일푼이었던 형제는 거지 중에 상거지였다. 하루 밥 두 끼를 먹으면 그야말로 당장 깡통을 들고 나서야 할 판이었다. 결국 차고 있던 손목시계를 잡히러 전당포에 갔다.

시계 값을 쇠똥 값도 안 되게 쳐준다길래 부아가 났다. 그냥 가자며 아우 등을 떠밀고 나오는데, 미군 사령부에서 붙인 통역 장교 모집 광고가 눈에 들어왔다. 동생 정인영이 서면에 자리한 미군 사령부로 가 동아일보 외신부 기자 신분증을 내보이고 취직했다.

일이 순조롭게 풀리려고 그랬던지, 동생 정인영이 미

군 사령부에서 건설을 담당하는 맥칼리스터 중위의 통역으로 배치되었다. 그리고 맥칼리스터 중위는 통역인 정인영에게 자신은 아무 정보도 없다며, 일을 할 만한 건설업자를 찾아 데려오라고 했다.

그때 피난지 부산엔 전쟁 특수로 인해 건설 물량이 우수수 쏟아져 나왔다. 무엇보다 끝없이 들어오는 미군들의 숙소며 군사 물자 집하장, 군사 지원 사령부의 건설이 시급한 실정이었다.

정주영은 동생 정인영을 따라 미군 사령부로 득달같이 내달렸다. 맥칼리스터 중위는 그런 정주영을 보고 물었다.

"당신이 할 수 있는 게 어떤 분야인가?"

"건설이라면 무엇이든지 다 할 수 있소."

"그럼 미군 병사 10만 명의 임시 숙소를 한 달 안에 만들 수 있겠소? 한 달 안에."

"물론 할 수 있고 말고요."

임시 숙소란 딴 게 아니었다. 휴교 중인 학교 교실을 소독한 뒤 교실 전체에 페인트칠을 하고, 다시 교실 바닥에 길이 36자(1자는 33.3cm), 폭 18자짜리 널빤지를 깔아 그 위에 천막을 쳐서, 교실을 임시 숙소로 만들어내는 작업이었다. 그것도 무려 수용 인원이 10만 명에 달하는 어마어마한 규모였다.

더구나 한 달 안에 만들어내야 한다는 빠듯한 시한 때문에 눈코 뜰 새 없이 바쁘게 움직여야 했다. 하루에 3시간이나 겨우 눈을 붙일 수 있을까 말까 한 강행군이었다.

한데도 그는 남다른 뚝심 덕분에 끝내 해내고야 만다. 약속한 한 달 만에 미군 병사 10만 명의 임시 숙소를 마침내 만들어내자, 맥칼리스터 중위는 엄지손가락을 척 치켜세웠다.

이어진 다음 공사에서도 정주영이 나섰다. 부산에 자리한 유엔군 묘지의 단장 공사였다. 더구나 이번에도 예외 없이 시간에 쫓기는 작업이었다. 당시 아이젠하워 미국 대통령 당선자와 함께 각국의 유엔 사절들이 부산의 유엔군 묘지를 참배할 계획이 갑자기 세워진 데 따른 조치였다.

미군 사령부는 좋은 기억이 있는 정주영을 곧바로 불

러들였다. 한겨울이던 그때 유엔군 묘지를 푸른 잔디로 단장하라는 다소 황당한 주문을 했다.

"물론 할 수 있고 말고요."

이번에도 막상 큰소리를 치긴 하였으나, 참배일이 기껏 닷새밖에 남지 않은 상황에서 난감하기만 했다. 거듭 고민해 보았으나, 한겨울에 푸른 잔디로 단장하라는 주문은 신이 아닌 이상 불가능한 노릇이었다.

하지만 그에게 중도 포기란 있을 수 없었다. 그러기에는 너무도 아까운 기회였다. 일생에 처음 밟는 달빛, 단 한 번뿐인 기회를 결코 놓칠 순 없었다. 어떻게든 끝까지 최선을 다해야만 했다.

'아, 그거야…!'

그러다 한순간 자신의 무릎을 탁 쳤다. 불현듯 자리에서 훅 일어섰다. 어릴 적 찢어지게 가난하기만 했던 고향의 겨울 들판에서 바라보았던 푸른 보리밭을 떠올렸다. 이어서 그는 "바로 그거다!" 하고 소리쳤다.

정주영은 곧바로 트럭 30대를 동원해서 부산 인근의 농촌으로 내달렸다. 한겨울이었지만 벌써 낙동강 근처에

지천으로 널려 있는 보리밭에서 파랗게 자란 어린 보리싹을 떠다가 유엔군 묘지에 옮겨심기 시작했다.

한겨울의 황량하던 묘지가 어린 보리싹의 푸른 빛깔로 뒤덮이기 시작하자, 미군 관계자들의 입에서 일제히 "엑셀런트!"라는 말이 터져 나왔다. 앞으로 미군의 건설 공사는 언제든 정주영의 '현대건설'에 맡기겠다고 약속했다. 결코 그가 아니고선 해낼 수 없었던 '콜럼버스의 달걀'과도 같은 기상천외한 마술(?)이었던 것이다.

길이 끝난 지점에서 새 길을 열다

한때 낙동강까지 밀려났던 전쟁은 점차 소강상태로 접어들었다. 맥아더 장군이 이끄는 유엔군이 마침내 인천 상륙작전을 성공시키면서 전세가 역전되었지만 그 후 중공군이 참전하였다. 1951년 7월 이후에는 판문점에서 휴전 교섭이 계속 진행되었다.

한겨울에 유엔군 묘지를 푸른 잔디로 단장시킨 마술 솜씨로 미군 사령부를 감동시킨 정주영은, 전선을 따라다니며 미군이 발주한 공사를 계속해 나갔다. 그땐 국내 건설업체 중에서 유일하게 '현대건설'이 미군 사령부에서 발주하는 공사를 대부분 독점했다. 미군 사령부 건설 공사는 '손가락질만 하면 다 현대건설의 것'이었다.

여세를 몰아 정부가 발주하는 전후 복구를 위한 대형 공사도 잇따라 수주했다. 휴전 협정이 조인되던 해(1953) 봄에 수주한 조폐공사 동래 사무실 건설과 대구의 고령교 복구 공사가 그것이었다. 총공사비 5,478만 환, 공기 26개월로 계약한 고령교는 당시 정부 발주 공사로는 최대 규모였다.

한데 복구 공사가 생각보다 지난했다. 시작부터 난제가 많았다. 당시엔 건설 장비 자체가 없어 거의 인력에 의존할 수밖에 없었던 상황에서 60m짜리 트러스truss 두 개를 수심 10m 깊이에 설치하고, 그 위에 콘크리트 교량을 놓기 위한 교각 13개를 박아야 했기에 공사 진척은 지지부진했다. 더욱이 간신히 박아놓은 교각이 홍수에 휩쓸려 사라져버리기 일쑤였다.

무엇보다 힘들었던 건 인플레로 인해 자고 나면 천장모르게 치솟아 오르는 물가였다. 예컨대 착공 당시 책정한 설계상의 기름 단가가 700환(1953년 2월 화폐개혁)이었는데 공사가 끝날 즈음엔 4,500환이었고, 40환 하던 쌀 한 가마 값이 공사가 끝날 무렵에는 4,000환이었다.

어떻게 해볼 도리가 없었다. 결국 조폐공사 건설도, 고령교 복구 공사도 마찬가지 사정으로 7,000만 환이라는 감당키 어려운 적자를 보고 말았다. 미군 사령부 공사로 알뜰하게 벌어놓은 돈을 돈 찍어내는 조폐공사에다 탈탈 털어 넣다시피 했는데, 고령교 복구 공사마저 또 그 지경이었으니 걷잡을 수 없었다. 노임도 제때 주지 못할 지경이었다.

그러자 공사장 인부들이 파업에 나섰다. 사무실이나 집은 매일같이 밀려드는 빚쟁이들 때문에 지옥 같았다. 빚쟁이들이 집에 와 도끼로 마루를 쾅쾅 찍어대며 당장 돈을 내놓으라고 아우성치는 가운데, 정주영은 매일 눈만 뜨면 빚을 얻으러 미친 듯이 뛰어다녀야 했다.

결국 동생 정순영의 삼선동 20평짜리 기와집은 물론, 매제 김영주의 돈암동 집까지 팔았다. 그래도 모자라 초동에 자리한 자동차 수리 공장 자리마저 팔아 고령교 복구 공사에 매달렸지만, 6,500만 환의 적자를 내야 했다. 조폐공사 건설과 고령교 복구 공사에서 생긴 감당키 어려운 부채는, 이후로도 꽤 오랜 세월 동안 그의 발목에 쇠뭉치를 매달았다. 그러고서 뜀박질을 해야 하는 것처럼 그를 힘들게 만들었다.

 공사를 수주하는 데만 집착했지 눈에 드러나지 않는 부분을 치밀하게 계산하고 예측하지 못한 탓이 컸다. 또 한 번 비싼 수업료를 내고 학습한 셈이었다.

 한데 고령교 복구 공사에서 잃은 것도 컸지만 얻은 것 또한 없지 않았다. 정부에서는 감당하기 어려운 적자를 감수하면서도 끝까지 공사를 마무리했던 '현대건설'의 신용을 높이 평가해주었다. 그러한 신뢰는 이후 정부 공사를 수주하는 데 도움이 되었다.

 더구나 이듬해부터 미국 원조 자금으로 전후 복구 사업이 활발히 진행되면서 침체해 있던 '현대건설'은 갑자기 할 일이 많아졌다. 가창댐 확장 공사, 내무부 중기重機 공장 신축 공사, 부산항 제4부두 신축 공사 등을 잇달아 수주하여 다시금 서서히 일어서기 시작했다.

 '현대건설'이 단연 두각을 나타낸 시점은, 1957년 가을에 착공했던 한강 인도교 복구 공사를 수주하면서부터였다. 공사 기간도 그다지 길지 않았는데도 총계약금이 2억

3,000만 환이었다. 이는 고령교 복구 공사 이후 단일 공사로는 전후 최대 규모였다. 그런 공사를 '현대건설'이 수주하자 건설업계가 놀란 것도 무리는 아니었다.

이때부터 대동공업, 조흥토건, 삼부토건, 극동건설, 대림산업, '현대건설'을 일컬어 소위 '건설 5인조'니 하며 세인의 입에 오르내리게 되었다. 국내 건설업체 1천여 개 가운데 단연 선두 그룹에 낄 수 있었다.

'현대건설'은 거기에 머물지 않았다. 고령교 복구 공사 때 건설업에서는 장비 확보가 필수라고 뼛속 깊이 학습했던 그는, 같은 해 여름 초동에 자리한 자동차 수리 공장에 중기 사무소를 차렸다. 구입한 장비와 부속품들을 수리·조립·개조했을 뿐만 아니라, 아직 국내에 없는 기계를 만들어내어 쓰기도 했다.

이처럼 다른 경쟁 업체들보다 먼저 장비의 기계화를 이뤄내면서, 장차 탄생되어 왕국의 기둥이 될 중공업을 키우기 위한 워밍업이 그때 벌써 시작되었다. 정주영은 그렇듯 '현대건설'과 함께 울고 웃는 가운데 어느덧 불혹의 나이로 접어들고 있었다.

먼저 자동차 경제 영토의 정벌에 나섰다

1960년대는 정주영에게 어느 때보다 중요한 시기였다. 피난지인 부산에서 시작된 '현대건설'을 통해 자신의 역량을 확신하게 된 그는 여느 때보다 왕성한 활동으로 보폭을 성큼 넓혀나갔다. 기업의 다각화를 통하여 마침내 본격적인 경제 영토 확장에 돌입하게 되었다.

또 그 같은 기업의 다각화를 통하여 그는 장차 자신이 세워나갈 왕국의 색깔을 보다 뚜렷하게 채색해 나갔다. 지금의 글로벌 현대의 운명을 결정지을 변곡점이었던 셈이다. 그리고 그 변곡점에서 그가 선택한 길은 자동차와 조선소였다. 순전히 '할 수 있을 것 같다'는 예감에서 시작된, 미래로 가기 위한 새롭고 거대한 도전이었다.

우선 자동차산업은 그때나 지금이나 한 나라의 경제 지표가 될 만큼 경제적 중요도가 높은 산업이다. 자본과 기술이 집약되어야 하는 자동차산업은 경기를 주도하는 산업일뿐더러 방위산업으로서도 큰 몫을 한다.

더구나 1960년대 이후 경제개발 5개년 계획이 당초 목표를 크게 상회하는 경제 성장률을 기록하면서, 성공적으로 마무리된 시점에서 수송 화물이 엄청나게 팽창했다. 자동차 공업의 육성은 필연적 시대 과제로 떠올랐다.

그가 소매를 걷어붙이고 나섰다. 청년 시절 자동차 수리 공장 '아도서비스'로 자동차와 일찍부터 인연을 맺었던 경험치를 밑천 삼아 1967년 자본금 1억 원으로 '현대자동차(이하 현대차로 표기)'를 설립했다. 회장직은 자신이 맡고, 사장직은 미국 마이애미대학교에서 석사 과정을 마친 동생 정세영에게 맡겼다. 오랜 꿈이었던 자동차산업에 드디어 뛰어든 것이다.

당시 국내에서는 '딸딸이'라 불리던 삼륜차를 주로 생산하는 아시아자동차(훗날 기아자동차)와 반제품 조립 생산 수준의 신진공업사(훗날 대우자동차)가 '현대차'보다 2년 앞서 승용차를 조금씩 만들어내고 있었다. '현대차'는 아시아차와 신진공업과 달리 일본이 아닌 미국 포드와 기술 제휴를 맺으며 출범했다. 당시만 해도 '현대차'는 기술이 전무했기 때문에 사실상 포드의 차량을 부분 조립 생산Semi-Knock Down하는 방식이었다.

'현대차'는 설립 이듬해에는 울산에 20만 평의 부지를 확보하고, 연간 3,500대를 생산할 수 있는 공장을 착공했다. 모두가 공장 준공에 3년은 걸려야 생산이 가능할 것으로 믿었으나, 그는 특유의 뚝심으로 밀어붙여 시기를 앞당겼다. 1년도 채 되지 않은 이듬해 곧바로 첫 모델인 '코티나'의 생산을 시작했다.

'현대차'의 첫 모델인 코티나는 출시된 해인 1968년에 총 533대가 판매되었다. 이듬해에는 수량이 10배로 늘어나 5,567대가 팔렸다. 성공이 손이 잡힌 듯이 보였다.

하지만 코티나의 성능에 대한 논란은 그치지 않았다. 잦은 고장에 원성이 높았다. 코티나를 '코피나'로 부를 지경이었다.

아직 익숙치 않은 조립 기술력도 문제였다. 무엇보다

미국의 아스팔트 포장도로를 기준으로 만들어진 승용차가 우리나라의 비포장도로에서 영업용으로 혹사당하자 부품이 심하게 마모될 수밖에 없었다. 더구나 수리 부품을 미국에서 직접 들여와야 했기 때문에 수리 시간마저 마냥 지체되었다.

정주영은 포드가 기술 이전에 인색하다고 분통을 터뜨렸다. 순수 우리 기술로 우리 차를 만들어야 한다고 목청을 돋웠다.

"(미국) 업체로부터 설렁탕 한 그릇도 대접받지 마라! 업체에 약점이 잡혔다간 우린 다 죽는다!"

정주영·정세영 형제는 품질에 대해서는 단호했다. 자칫 작은 약점이라도 잡혀 부품의 결함으로 이어질까 봐 끝까지 원칙을 지켜가며 타협을 불허했다. 일찍부터 A/S 사업부(1973)를 분리하고 나설 정도였다.

형제의 남다른 노력으로 코티나 생산이 어느 정도 정상 궤도에 들어서자, 형제는 포드의 글로벌 판매망을 통해 '현대차'를 수출할 계획을 세웠다. 하지만 포드는 딴 생각을 하고 있었다. 포드가 이미 진출해 있는 시장에선 완성차 수출을 할 수 없다는 입장이었다.

형제는 포드와 결단을 내려야 했다. 자동차를 독자적으로 생산해 수출하지 못한다면 영원히 부품 조립 생산의 형태에서 벗어날 수 없다고 결심했다.

결국 1973년 포드와의 결별을 선언했다. 독자생존의 길을 찾아 나서기로 했다. 정주영은 장담했다.

"독자적인 우리 기술로 우리의 차를 만들자! 우린 반드시 성공할 수 있다!"

형제가 독자적인 신차 개발을 추진하자 우선 내부에서부터 반대하는 사람이 많았다. 코티나와 같은 부품 조립 생산 방식은 큰 비용을 들이지 않고도 충분히 돈을 벌어들일 수 있는데, 왜 굳이 불확실한 길을 가려 하느냐고 아우성이었다.

외부의 시각 또한 부정적이었다. 당시 국내 승용차 시장의 총수요가 연간 1만 대 미만이었기에, 자그마치 5만 6,000대를 양산하는 계획은 무리라고 점쳤다.

그렇대도 그쯤에서 물러설 형제가 아니었다. 예상 수요를 산정해보니 1976년 4만 6,000대에서 1980년 19만

8,000대까지 국내 수요가 늘어나고, 원가 역시 정부 기준인 2,000달러 아래 선인 1,932달러로 '한국형 자동차'를 생산할 수 있다는 결론이 나왔다.

공장 건립 자금의 확보도 넘어야 할 태산이었다. 설득 끝에 공장 건립 자금은 정부가 보증을 서 차관을 들여와 가까스로 마련할 수 있었다.

그러나 자동차의 심장이랄 수 있는 엔진은 요샛말로 '넘사벽'이었다. 엔진 제조 기술을 단기간에 확보한다는 것은 도저히 불가능했다. 자동차 엔진만은 선진 기술을 도입해야만 생산 시기를 앞당길 수 있었다.

정세영이 일본으로 날아갔다. 미쓰비시자동차를 찾아갔다. 가솔린 엔진(1,238cc급) 등에 대한 제조 기술 제휴를 맺는 데 성공했다.

엔진 문제까지 해결한 형제는 미쓰비시의 '랜서' 모델과 코티나를 참고해서 첫 차를 기획했다. 디자인은 세계적인 디자이너에게 의뢰했다. 디젤 엔진 기술은 영국의 퍼킨사로부터 이전받았다. 그렇듯 어렵게 도전에 나선 신차의 이름은 조랑말을 뜻하는 '포니'로 정해졌다.

한데 또 문제가 생겼다. 포드가 이미 포니라는 이름의 상표권을 등록해 놓았던 것이다.

정주영은 문제를 피하지 않았다. 두둑한 배짱과 뚝심의 정공법으로 이를 해결하고자 했다. 포드로부터 포니의 상표권을 사들인 것이다.

그 같은 우여곡절 끝에 탄생한 포니는 1974년 가을, 권위 있는 토리노 국제 모터쇼에서 첫선을 보였다. 세계 자동차 업계는 깜짝 놀랐다. 아시아의 변방인 한국처럼 작은 나라의 자동차 회사가 선보인 예상 밖의 깜찍한 차를 보고 신기해했다.

포니는 그로부터 1년 3개월 뒤인 1976년 정초부터 '현대차' 울산공장에서 양산에 들어갔다. 세계에서 16번째, 아시아에서 일본에 이어 두 번째로 고유 모델의 자동차를 생산케 된다.

그러나 당초 우려와 달리 포니의 인기는 폭발적이었다. 1976년 한 해 동안에 1만 726대가 팔려나갔다. 미국 GM과 제휴한 신진차의 카미나와 기아의 브리사를 제치고, 국내 시장에서 점유율 43.6%를 차지했다. 그때 이미 '

현대차'는 국내 최대 자동차 회사로 발돋움해 있었다.

소망하던 첫 해외 수출도 이뤄졌다. 1976년 남미의 과테말라와 에콰도르에 5대를 처녀 수출하는 감격을 맛보았다.

그가 "반드시 성공할 수 있다"라고 장담했던 것처럼 포니는 대성공을 거두었다. 초기 생산 능력은 1만 대 미만이었으나, 1970년대 말에는 10만 대까지 늘어났다. 1978년 누구도 예상치 못한 제2차 오일 쇼크를 겪으며 판매가 잠시 주춤하기는 했지만, 1982년 대체 차종으로 출시한 '포니2'의 인기는 원년 포니의 인기를 능가할 정도로 가히 폭발적이었다.

기세가 오른 '현대차'는 마침내 자동차의 나라들이 있는 북미시장의 공략에 나섰다. 첫 번째 진출 국가는 캐나다였다.

결과는 성공적이었다. 1983년 1,500대가 나간 데 이어, 이듬해에는 2만 5,000대, 1985년에는 무려 8만 대가 팔려 나갔다. 같은 해 '현대차'의 포니2는 캐나다에서 일본의 자동차들을 누르고 소형차 부문 판매 1위에 올라서는 기염을 토하기도 했다.

국내 시장 점유율도 꾸준히 상승해 마침내 60% 고지를 넘어섰다. 1985년엔 단일 차종으로 자그마치 28만 대가 넘는 판매량을 기록하는 등 선풍적인 인기를 누렸다. 포니의 그 같은 인기는 이후 출시되는 '현대차'의 인기 차종으로 자리매김하는 '그랜저(1987)'와 '소나타(1988)'의 고유 모델 확대에 밑돌이 되어주었다. '현대차'가 왕국의 강력한 군단으로 자리 잡을 수 있게 된 것이다.

끝까지 최선의 노력을 다하는 '빈대의 교훈'

　찢어지게 가난한 고향이 지긋지긋하게 싫어서 여러 차례 가출을 시도했단 얘기는 앞서 했다. 그때마다 정주영은 초등학교 교과서에서 읽은 청개구리의 교훈을 떠올리고는 했다. 버드나무 가지를 향해 힘차게 뛰어오르지만 너무 높아 번번이 실패하였음에도, 끝까지 낙심하지 않고 끊임없이 뛰어올라 결국에는 성공하고 만다는 동화였다. 배움이 있고 없음이 아니라, 노력의 많고 적음에 따라 삶이 결정된다고 믿었던 그는, 꿈을 버리지 않고 네 차례의 가출 끝에 결국 서울에 정착하게 된다.

　한데 그가 아직 신당동의 쌀가게 복흥상회에 취직하기 이전의 이야기다. 그는 사고무친이었기에 객지인 서울에 발붙일 곳이라곤 없었다.

그래서 친구 오인보에게 여비 50전(지금 돈 약 5만 원)을 빌려 무작정 인천으로 갔다. 할 수 있는 거라곤 그저 몸뚱이로 막노동밖엔 없는 서로의 처지에 피차 막노동하는 모습을 보이는 것도 거북하다는 생각이 들었고, 또 약간의 돈을 갖고 있던 친구 옆에 무일푼인 자신이 빌붙어 있는 꼬락서니가 무슨 신세라도 지려고 그러는 것 같아 치사한 생각도 들었기 때문이었다.

인천으로 내려간 정주영은 한동안 막노동판을 전전했다. 부둣가에서 무거운 짐을 등짐으로 나르는 하역 노동이었다.

한데 밤이면 노동자 합숙소에서 도무지 잠을 잘 수가 없었다. 끊임없이 물어뜯는 빈대 때문이었다. 견디다 못한 몇 사람이 빈대를 피하는 방법을 연구해냈다. 기다란 밥상 위로 올라가 잠을 청해보았는데 아무 소용이 없었다. 빈대가 밥상의 다리를 타고 기어 올라와선 사람들을 물어댔다.

합숙소 노동자들이 다시 머리를 짜냈다. 밥상의 네 다

리에 물을 담은 양재기를 하나씩 고여 놓고 잠을 자기로 한 것이다.

하지만 잠을 편하게 자는 것은 겨우 이틀을 넘기지 못한 채 끝나고 말았다. 빈대가 여전히 합숙소 노동자들을 괴롭혔다. 밥상의 다리를 타고 기어오르려다 양재기 물 속에 몽땅 빠져 죽었어야 할 빈대들이 여전히 극성을 피운 것이다.

"어떻게 된 거야?"

도대체 빈대들이 무슨 방법으로 살아나서 합숙소 노동자들을 다시 물어뜯는지 불을 켜고 살펴보다 모두가 그만 아연할 수밖에 없었다. 더는 밥상의 다리를 타고 올라갈 수 없게 된 빈대들이, 이번에는 벽면을 타고 까맣게 천장으로 올라가고 있었다. 그런 다음 천장에서 사람들의 몸을 향해 툭, 툭, 툭, 떨어지고 있었던 것이다.

정주영은 그날 밤 봤던 그 소름끼치도록 놀라운 광경을 오랫동안 잊지 못했던 것 같다. 그뿐 아니라 그날 밤의 깨달음 또한 마찬가지였다.

보잘것없는 빈대도 자신의 목적을 이루기 위해서 저렇게 머리를 쓰고, 또 저토록 죽을힘을 다하는 노력 끝에 결국 얻어내고 있질 않는가. 하물며 나는 보잘것없는 빈대도 아닌 만물의 영장이라는 사람인데. 그렇지 빈대한테서 배울 것이 있다면 마땅히 배우자. 사람도 무슨 일에든 절대로 중도에서 포기하지 않고 죽을힘을 다해 끝까지 노력을 기울인다면 이루지 못할 일이 없다는 것을…. 찾지 않으니까 길이 없다. 빈대처럼 필사적인 노력을 안 하니까 방법이 안 보이는 것이다….

대표적인 예가 '샐러리맨의 신화'로 대통령(17대)이 되어 청와대에까지 입성한 이명박이다. 정주영이 '현대건설'을 이끌며 태국의 파타니 나라티왓 고속도로(1965) 공사를 하고 있을 때 이명박은 현지에서 완전 새내기였다. 이제 막 고려대 경영학과를 졸업한 경리 담당 말단 사원으로 그 건설 현장에서 근무하고 있었다.

한데 태국 현장의 근로자들이 그만 폭동을 일으켰다. 인건비의 사소한 부분이 문제가 되어 폭동을 일으킨 그들이, 닥치는 대로 기물을 때려 부수며 현장 사무실까지 몰려들었다. 태국인 경리 사원이 이명박을 보고 경악해 소리쳤다.

"미스터 리, 빨리 도망가요!"

그러나 경리 담당 말단 사원 이명박은 금고를 두고 도망갈 순 없었다. 성난 폭도들에 놀라 모두가 도망쳤지만, 그는 마지막까지 남아 현장 사무실을 지켰다.

이윽고 폭도들이 이명박이 혼자 지키고 있는 현장 사무실 안까지 우르르 몰려왔다.

"야, 당장 금고 열어!"

이명박은 고개를 가로저었다. 안 된다고 하면서 버텼다.

"너 죽고 싶어?"

칼을 뽑아 든 폭도의 얼굴이 험상궂게 일그러졌다. 당장이라도 허공에서 '쓰윽' 하고 칼날을 그어버릴 기세였다. 이명박은 놀라 주춤주춤 물러섰으나 이내 등이 벽에 닿고 말았다. 한순간 폭도들의 손에 자신이 죽을지도 모른다는 끔찍한 생각이 들어 그만 금고 열쇠를 줘버릴까

하는 생각도 잠시 했다.

하지만 이명박은 경리 사원 중 한 명으로서 그에게는 마땅히 금고를 지킬 의무가 있었다. 그는 금고를 가슴으로 끌어안았다. 죽어도 내놓지 못하겠다고 다시금 버티기 시작한 것이다.

"안 되겠어. 이 새끼 끌어내!"

다음 순간 누군가의 거친 손길이 목덜미를 와락 잡아챘다. 그는 두 눈을 질끈 감았다. 그러면서도 금고를 붙들고 끝까지 놓지 않았다. 그러자 폭도들의 발길질이 등 쪽으로 무수히 날아들었다.

바로 그때 구세주가 나타났다. 신고를 받고 출동한 태국 경찰이 현장에 들이닥쳤다. '현대건설'의 경리 담당 말단 사원 이명박은 그렇게 가까스로 위기를 모면할 수 있었다.

이 소식은 정주영에게도 전해졌다. 갓 스물여섯의 이명박은 이때부터 정주영의 눈에 쏙 들어 출세 가도를 내달리게 된다. 3년 뒤인 스물아홉에 '현대건설' 관리 담당 상무이사로, 5년 뒤인 서른넷에 전무이사, 서른다섯에 샐

러리맨의 꽃이라는 대표이사 자리에까지 오른다. 그가 '현대건설'에 입사한 지 꼭이 10년 만이었다. '끝까지 최선의 노력을 다하는' 인재를 골라 쓴다는 정주영의 인재관을 유감없이 보여준 것이다.

서울-부산 간 경부고속도로를 뚫다

 1967년 자본금 1억 원으로 '현대차'를 설립하면서 동분서주하고 있을 무렵이었다. 갑자기 청와대에서 불러 정주영은 모든 일정을 포기하고 들어갔다. 건설부 관계자 몇 사람과 같이 저녁을 먹고 나서 막걸리 파티로 이어졌다. 건설부 사람들이 들어와 있어 무언가 건설에 대한 이야기가 오가지 않을까 짐작했지만 알 수 없었다. 한참 뒤 대통령 박정희가 입을 열었다. 서울-부산 간 고속도로 건설에 대한 이야기였다.

 사실 대통령은 지난 대선에서 선거 공약으로 국토개발사업의 하나로 경부고속도로 건설을 내놓았었다. 1차 경제개발 5개년 계획(1966)이 마무리되면서 수송 화물도

대형화되고 양도 나날이 급증하는 상황이었다.

한데 1964년 독일을 방문했던 대통령은 그곳의 고속도로인 '아우토반'에 충격을 받았던 것 같다. 우리나라에도 고속도로를 건설하는 것을 하나의 명제로 삼고 있었다.

후진국의 일반적인 현상이지만, 그때까지 우리는 자동차 교통이 분담하여 야 할 중장거리 수송의 거의 전부를 철도에만 의지하고 있었다. 그러므로 철도 차량을 얻는 것도 쉽지 않았다. 부산이나 목포까지 철도 차량 1칸을 얻으려면 웃돈을 얹어줘야만 간신히 차례가 돌아오는 실정이었다.

대통령이 이런 요지로 말했다. "고속도로를 만들어야겠소. 물자의 유통과 인력의 이동을 원활히 하고, 원료 생산 기지와 공장, 공장과 소비자를 더욱 빨리 이어주는 수송 체계를 하루빨리 확립해야 우리가 뜻하는 대로 경제 성장을 할 수 있어요. 그러니 고속도로를 건설해야겠습니다." 이어서 "국내에서 현대건설만이 유일하게 고속도로를 건설한 경험(태국의 피타니 나라티왓)을 보유하고 있으니. 최소한의 비용으로 최단 시일 안에 경부 간에 고속도로를 놓을 수 있는 방안을 강구해보시오"라고도 했다.

다음 날부터 정주영은 바빴다. 그는 한 달여 동안 필요한 몇 사람만을 데리고 지프를 타고서 서울과 부산을 수없이 오르내리며 답사했다.

될 수 있는 한 빨리 건설 비용을 산정해서 보고해야 했다. 그렇잖아도 '현대건설'은 태국에서 고속도로 공사를 할 때의 공사 시방서를 갖고 있었기 때문에 물량 측정, 물량의 처리, 공사의 수행 방식 등에 대해 이미 익숙한 터였다. 그렇게 '현대건설'은 비교적 물동량이 적은 대전-대구 구간은 2차선으로 한다는 전제를 붙인 끝에, 건설비를 총 280억 원으로 산정하여 관련 문서를 제출했다.

한데 나중에 알고 보니까, 건설비 산정 지시가 '현대건설'에만 떨어진 게 아니었다. 건설부는 건설부대로, 재무부는 세계은행이 개발도상국 도로 건설비를 km당 얼마로 잡고 있는지 조사하고 있었고, 도로 포장 공사를 많이 한 서울시도 견적을 내게 하였으며, 육군 공병단에도 같은 지시가 떨어진 상태였다. 같은 지시를 받은 데가 모두 다섯 곳이었다.

이윽고 다섯 군데서 건설 계획안을 제출하였다. 건설부는 650억 원, 서울시는 180억 원, 재무부는 330억 원, 육군 공병감실은 490억 원, '현대건설'은 280억 원이었다. 서울시가 산정한 건설비가 턱없이 낮았던 것은 시내 도로를 건설하던 감각으로 고속도로 건설비를 산출했기 때문이다.

어쨌든 들쭉날쭉한 건설비 산출을 청와대가 나서 조율했다. 고속도로 건설 경험이 있는 '현대건설'의 안과 재무부 안을 절충해서 300억 원에 10% 안팎의 예비비를 얹어 일단 총건설 비용을 330억 원으로 책정했다.

650억 원을 산정해 제출했던 건설부는 '현대건설'을 질타했다. '토목'의 '토' 자도 모르는 자식들이 일을 저질렀다고 공공연하게 욕을 했다. 건설업자들한테서도 그 가격으로 되느니, 안 된다느니 하는 말들과 욕바가지를 들어야만 했다.

나중에 당초 계획된 2차선의 대전-대구 구간이 4차선

으로 변경되었고, 그러면서 당초에 평야로 가게 되어 있던 노선을 농토 보전 차원에서 구릉으로 바꾸는 바람에 공사량이 더 많아졌다. 거기에다 물가 상승과 토지 매수 대금이 포함되면서 100억 원이 추가된 바람에 총 430억 원의 건설비가 들었다.

큰일을 벌일 때는 언제나 그렇듯 꼭이 신중론자와 반대론자가 제동을 걸고 나선다. 당시 언론과 학계가 그랬다. 고속도로 건설에 반대했다. 집권당인 공화당과 경제 장관들 또한 신중론을 폈다.

마침내 1968년 2월 1일, 경부고속도로의 첫 번째 톨게이트 근처에서 첫 발파음을 터뜨리는 것으로 대망의 첫 고속도로 건설이 시작되었다. 그는 그 순간에 벅차오르는 흥분과 감동을 오랫동안 잊지 못했다.

경부고속도로는 국토의 척추 간선 도로였다. 수도권과 영남 공업권을 연결하고, 국내 양대 수출입항인 인천과 부산을 직결시키며, 나아가 서울과 경상도 지역을 일일생활권으로 만들어놓을, 산업의 대동맥 가운데 하나였다. 공사비, 보상비, 조사 설계비, 외국인 용역 등을 포함

한 총 429억 원 중에서 공사 비용만 379억 3,300만 원이 소요되었는데 이는 그해 국가 전체 예산의 23.6%에 달하는 규모였다.

쉽게 말해 단군 이래 최대의 토목 공사였다. 430억 원의 최저 공사비로 전장 428km의 고속도로를 3년 안에 건설한다는 것은 모험이 아닐 수 없었다. 공사에 참여하는 건설사로서도 자칫 잘못했다가는 결손을 보게 되어 있는 위험을 안고 시작한 일이었다.

기업가는 자선 사업가가 아니다. 이익을 남겨 소득과 고용을 창출하는 것으로 국가에 기여하며, 사회에 아무 조건 없이 자금을 제공할 수는 없다. 공사비가 제아무리 빠듯해도 기업을 경영하는 처지에선 어떤 경우라도 이익을 남겨야 하는 것이 원칙이었다. 그렇다고 탈법이나 부실 공사를 하자는 건 아니었다. 그러면서도 이익을 남겨야 했다. 그렇다면 그가 택할 수 있는 건 결국 공사 일정을 단축시켜 인건비를 줄이는 것 말고는 없었다.

'공기를 앞당기자!'

이는 그가 건설업에 뛰어들면서부터 평생 전력을 다

하면서 부르짖었던 첫 번째 구호이자 전략이었다. 그러려면 별 수가 없었다. 공사의 기계화가 필수였다.

그는 우선 당시로서는 천문학적이랄 수 있는 800만 달러를 들여 최신 중장비 1,989대를 도입하여 고속도로 공사장에 투입했다. 1965년 당시 국내 민간 건설업체가 보유하고 있던 총장비 수가 1,647대였던 사실을 고려한다면 그가 도입한 중장비의 규모가 어느 정도였는지 짐작할 수 있다. 고속도로 건설에 동원한 연인원은 근로자 약 540만 명, 기능공 약 360만 명, 도합 900만 명에 이르렀다.

고속도로 건설 장비를 가장 먼저 갖춘 곳도 '현대건설'이었고, 또 '현대건설'에서 산출한 공사비로는 건설을 할 수 없다는 관계자들의 주장도 없지 않았으나, 정부는 경부고속도로 첫 구간이자 시범 구간인 서울-수원 간 공구의 공사를 수의 계약으로 '현대건설'에 맡겼다. 고속도로 건설 경험이 전무한 상태에서 공사에 참여한 다른 업체들에 모범도 보이고, '현대건설'이 산출한 가격으로 공사를 할 수 있다는 시범을 보이라는 뜻에서였다. 이후 다른 건설업체들도 뛰어들었음은 물론이다.

물을 만난 물고기처럼 그는 잠을 거의 못자면서 뛰어다녔다. 작업 현장에 간이침대를 가져다 놓고서 끊임없이 현장을 독려했다. 지프차를 타고 현장을 빙빙 돌게 하고는 차 안에서 잠깐씩 눈을 붙이기도 했다. 직원들과 기능공들이 그의 지프차만 보면 정신 바짝 차리고 일들을 열심히 했기 때문이다.

경부고속도로의 2/5는 '현대건설'이 시공했고 나머지 구간에는 국내 건설업체 15개와 육군 건설공병단 3개 대대가 참여했다. 말 그대로 모든 국력을 쏟아부은 셈이었다.

정주영은 본사의 회의실 탁자에 1/5,000 지도를 깔아 놓고서 틈만 나면 신발을 벗고 탁자 위로 올라가, 어떻게 하면 최소한의 비용으로 최대한 직선의 노선을 만들 수 있을지를 연구했다.

현대건설의 모든 현장에서는 항상 작업차가 최우선이었다. 사장 차도 중역의 차도 작업차가 나타나면 일단 다 피해줘야 했다. 그래야만 공사가 차질 없이 진행될 수 있었다.

간혹 대통령이 지프를 타고 현장에 나올 때엔 이 같은 '작업차 최우선'의 원칙 때문에 현장소장들은 간이 오그라 붙는다고 했다. 지프차 안에 누가 탔는지 알 수도 없을뿐더러, 누가 탔든 간에 호랑이 같은 그도 으레 비켜주는 마당에, 현장에서 거칠게 몰아대는 작업 덤프 트럭들을 보며 작업소장들이 가슴을 얼마나 졸였을지 짐작이 갔다.

대통령이 평택 공사장에 아무런 예고도 없이 불쑥 나타났다가 역시 아무런 예고도 없이 안산까지 올라가던 날이었다. 안산에서 서울로 올라가는 길을 사복 차림의 안산 경찰서장이 안내했는데, 고속도로 현장을 통과하면서 경찰서장이 뛰어내려 덤프트럭을 가로막은 채 옆으로 피해서 서행하라고 일렀다. '현장의 왕'이었던 덤프트럭 기사가 "웬 미친놈이 나를 세우냐"라고 하면서 눈을 부라리는데, 지프 안의 대통령이 그냥 일하게 놔두라면서 덤프트럭 길을 비켜주었다는 일화가 전해질 정도였다.

대통령은 고속도로에 관한 얘기를 하려고 밤중이건 새벽이건 그를 찾았다. 식사도 자주 같이 하고, 막걸리도 함께 나누면서 경제 얘기도 무척 많이 나누었다. 원래 위장이 부실한 그는 대통령이 좋아하는 막걸리를 싫어한다는 소릴 못하고 마실 수밖에 없었다는데, 어느 날인가는 막걸리를 마신 게 탈이 나 심야에 청와대를 나오다가 급한 김에 길에서 잠깐 실례를 한 일도 있었다.

가장 애를 먹었던 구간은 예의 대전-대구 간이었다. 2차선을 4차선으로 변경한 데다 설계 자체도 늦었지만, 1969년 3월에 시작해서 이듬해 6월 말까지 끝내야 하는 공사였다. 공정 진척이 순조롭다 하더라도 시간은 그다지 여유롭지 않았다. 더구나 이 구간에는 애물단지가 버티고 있었다.

옥천군 이원면과 영동군 용산면 사이의 4km 구간에는 소백산맥이 가로 누워 있었다. 이 지점은 터널을 뚫어야만 했다. 이 공구는 워낙 험한 곳이라 날짜 꼽을 여유도 없었고, 새로이 도입한 장비도 계속 망가져 장비 부족 문제마저 발생했다.

더욱이 다른 공구의 경우, 암반이 아닌 흙이어서 공사가 훨씬 쉬웠다. 바위를 뚫는 것보다는 흙을 뚫는 것이 나았기 때문이다.

터널의 공구는 정반대였다. 터널 공구에서는 바위가 나와야 하는데 흙이 나오면 골머리를 앓을 수밖에 없었다.

한데 그곳은 단단한 암반이 아닌 절암節巖토사로 된 퇴적층이었다. 당제 계곡 쪽에서 20m쯤 파 들어가는 순간, '와르르' 하고 순식간에 벽이 무너져버렸다.

이 사고로 근로자 3명이 죽고, 1명이 크게 다쳤다. 공사 진도는 하루에 많아야 2m, 부진한 날은 하루 고작 30cm가량이었다. 낙반 사고도 빈번했으며, 바위를 들어내던 근로자들이 솟아나오는 용수湧水에 떠밀려 10m씩 나가떨어지기 일쑤였다.

무엇보다 낙반 사고가 자주 발생하자, 생명에 위협을 느낀 근로자들이 하나둘 현장을 떠나기 시작했다. 신령이 있다던 느티나무를 베어낸 책임자가 사고를 당하자 일을 그만두는 근로자가 부쩍 늘었다.

임금을 갑절로 올려보기도 했다. 그래도 필요한 노동력이 제대로 충당되지 않았다. 600여 대의 중기와 헤아릴 수 없이 많은 트럭을 동원하고 직원들을 열정적으로 독려

해도 공정은 요지부동이었다.

터널이 속을 썩이는데 험준한 협곡에 진입로를 만드는 것도 예삿일이 아니었다. 금강에 교량도 놓아야 했는데 비가 조금만 와도 설치해 놓은 가교가 그냥 떠내려갔다. 무려 열세 차례나 낙반 사고를 겪으면서 상행선 590m, 하행선 530m의 당제터널 공사는 공기 완료일을 두 달 앞두고서 겨우 상행선 350m에 멈춰 있었다.

건설부에서 터널 공사를 체크하는 업무를 맡고 있던 이문옥 박사가 당제터널을 체크하더니 고개를 내저었다. 연내에는 도저히 완공될 가망이 없다면서 정상 속도면 이듬해 3월, 빨라도 금년 12월에 완공할 수 있으며, 아무리 서둘러도 9월 말 이전에는 불가능하다는 진단을 내렸다. 현장소장 양봉웅이 터널 박사의 절망적인 진단에 대한 보고를 하면서, 공기 내에 끝내는 방법은 조강 시멘트를 쓰는 방법밖에는 없다는 건의를 했다. 일반 시멘트는 콘크리트를 쳐놓고 일주일은 지나야 다음 발파 작업을 할 수 있는데, 조강 시멘트는 굳는 시간이 빨라 12시간이면 다음 발파를 할 수 있다는 것이었다.

    질이 다른 시멘트였다. 대신 값도 엄청나게 비쌌다.

    조강 시멘트로 바꾸면 공기를 틀림없이 맞출 수가 있겠는지 물었더니 현장소장은 자신 있다고 했다. 정주영이 결론을 내렸다. '그래, 이익이냐, 신용이냐 중에서 선택하라면 나는 언제나 신용이다. 공기를 맞춰 신용을 지키는 한편 '현대건설'의 명예를 지키자.'

    "좋아. 어차피 출발부터 주판을 엎어놓고 덤벼든 일이었다. 그래도 이익을 남길 수 있다면 좋겠지만, 타산을 맞추지 못할 바에야 공기라도 맞춰야지. 단양시멘트 공장장 불러."

    '단양시멘트' 공장은 그 순간부터 조강 시멘트 생산 체제에 돌입했다. 건설부 장관은 일주일에 한 번, 도로국장은 사흘에 한 번, 그는 매일 현장으로 내달렸다. 기한 내에 경부고속도로 전 구간이 개통될 수 있는지는 당제터널에 달려 있었다.

    그런 와중에 좋지 않은 소식이 날아들었다. 이번에는 아예 주판을 부숴버려야 할 일이 생겼다.

조강 시멘트가 생산되어 나오는데 철도 차량이 배차되지 않아 시멘트가 들어오지를 못했다. 별수 없이 철도 수송을 포기한 채 단양의 공장에서부터 당제까지 190km를, 트럭을 동원해서 육로로 수송하게 했다. 모두 그렇게 반은 미친 사람들처럼 공사를 하는데, 건설부에서는 준공식 스케줄을 짜야 한다면서 감사실장, 기획실장, 건설국장을 연이어 내려보내는 등, 암튼 내려보낼 수 있는 고위직은 다 내려보내며 채근했다. 내려온 그들이 하는 말도 하나같이 다 똑같았다.

"어떻게 되는 건가? 정말 준공식에 맞춰 끝낼 수 있는 건가?"

현장소장은 주판을 엎었다는 정주영을 믿고서 공기를 하루라도 단축할 테니 걱정하지 말고 위에 보고하고 스케줄을 짜라고 큰소리 쳤던 모양이다. 하지만 조강 시멘트가 현장에 투입되고, 작업조를 2개에서 6개로 늘리는 한편 근로자 500여 명이 개미처럼 달라붙어 굴을 파 들어가는데도 여유 부릴 만한 상황은 아니었다.

초조하긴 정주영도 마찬가지였다. 매일 새벽 집에서

나와 당제 현장으로 달려갔다. 종일 근로자들 속에 섞여 십장 노릇을 하다가 밤에야 서울로 돌아오곤 했다.

하루는 비가 억수같이 내렸다. 현장 사람들은 모두 비옷에 장화를 신고 일을 하는데, 그는 비옷도 장화도 없이 그냥 철버덕거리며 다닐 수밖에 없었다. 그렇다고 그의 큰 발에 맞는 장화가 있을 턱이 없었고, 다른 사람의 우비를 벗겨 그가 입을 수도 없는 노릇이었다.

현장소장이 대전에 있는 시장으로 가서 장화 한 켤레를 사오라고 운전수를 심부름 보내면서 그의 발 치수를 물었다.

"12문7짜리가 없으면 최소한 12문은 사와야 해."

운전수가 그냥 돌아왔다. 대전의 시장을 다 돌아다녀 보았어도 11문 반짜리가 제일 큰 것이라서 빈손으로 왔다고 했다. 그날 저녁 정주영은 서울에서 신고 내려갔던 운동화와 양말을 벗어 던지고 맨발로 지프를 타고 돌아왔었다.

그렇게 사력을 다한 끝에 3개월이 소요될 공사를 돌관突貫 작업 25일 만인 1970년 6월 27일 자정 무렵 끝마쳤다. '만세!' 소리가 우렁차게 울려 퍼지는 가운데 그의 '현대건설'은 경부고속도로 공사 중 최대 난공사였던 당제터널 공사를 마무리한 것이다. 다음 달 7일로 예정되어 있던 경부고속도로 준공식이 거행되었다. 참으로 모두가 다 같이 뜨거운 열정으로 이뤄낸 대역사였다.

이유는 없다. 모두 나를 따르라!

    자동차에 이어 정주영의 새롭고 거대한 두 번째 도전은 조선업이었다. 다시금 왕국의 운명을 결정지을 변곡점, 순전히 '할 수 있을 것 같다'는 예감에서 시작된 조선업을 해보겠다는 야망은 '현대차' 도전 직전부터 이미 움텄었다. 그는 자신이 쓴 『이 땅에 태어나서』에서 다음과 같이 말한다.

    조선소라는 밥풀 한 알이 언제 내 마음속에 씨앗으로 자리 잡았는지는 정확하게 모른다. 어쨌든 1960년대 전반에 이미 내 마음속에 조선소가 머지 않은 미래의 꿈으로 들어앉아 있었던 것은 확실하다. 청년 시절에 현대 식구가 되어 지금도 현대가

족인 이춘림 회장을 어느 해인가 해외 출장 중에 들른 일본 동경에서 만나서는, 이틀에 걸쳐 요코하마 조선소, 가와사키 조선소, 고베 조선소를 시찰했다. 이춘림의 기억에 의하면 그때가 1966년도였다는 것이다. 조선소 시찰을 끝내고 돌아오면서 내가 때가 되면 국내에 조선소를 만들어 큰일을 하겠다는 구상을 피력했다고 한다.

그는 마침내 때가 무르익었다고 생각하기에 이른다. 우리 역사상 최초로 태국에서 해외 건설시장을 개척(1965)하면서 탄탄한 기반을 다진 '현대건설'에 이어, '현대차'에서 승용차를 생산(1967)하는 데 성공한 그는 다음 목표로 '현대중공업'을 점찍었다.

이번에도 주위의 반대가 극심했다. 기술도, 자본도, 시장도 전무한 1960년대 중반이었으니 그럴 만도 했다. 쥐뿔도 없는 처지에 무슨 수로 거대한 선박을 만들어낼 수 있겠느냐고 모두 고갤 내저었다.

그는 아랑곳하지 않았다. 조선업 역시 건설이나 자동차와 크게 다를 바 없을 것이라고 확신했다. 남은 문제는 오직 대규모 조선소를 건설하기 위한 막대한 자금을 외국에서 빌려오는 것뿐이라고 생각했다.

이윽고 정주영은 유럽으로 날아갔다(1971). 프랑스 은행과 스위스 은행에 4,300만 달러의 대출을 요구했다. 이는 당시 현대그룹의 총자산보다도 많은 거액이었다.

프랑스 은행과 스위스 은행은 일언지하에 거절했다. 그 이유를 이렇게 설명했다. "작은 배조차 만든 경험이 없는 아시아 국가의 한 기업에 어떻게 거액을 빌려줄 수 있겠느냐."

정주영은 곧장 영국으로 날아갔다. 밀고 당기는 협상 끝에 선박 건조 기술 제휴를 어렵사리 성사시켰다.

다음으론 돈을 빌리기 위하여 영국의 은행장들을 찾아 나섰다. 영국의 은행장들은 선박의 수주 계약서부터 요구했다. 배를 건조한 실적이 전혀 없는 조선소에 어떻게 막대한 자금을 빌려줄 수 있겠느냐는 거였다.

이번에는 그리스로 날아갔다. 무턱대고 세계적인 선박왕인, 선엔터프라이즈의 조지 리바노스 회장을 찾아갔다. 이 '첫 고객'에게 그가 내보였던 건 임시변통으로 마련한 영국 조선소에서 빌린 유조선의 설계도면과 울산 미포만의 백사장 사진, 그리고 축적 5만분의 1 지도였다.

리바노스 회장은 싱긋 웃기만 했다. 정주영의 패기 넘치는 태도에 흥미롭다는 듯이 다음 얘기 정도는 들어줄 요량이었다.

그런 그에게 정주영이 다시 꺼내놓았던 건 당시 500원짜리 지폐였다. 지폐에 도안되어 있는 거북선을 가리키며 담판을 벌였다.

"배가 뭐겠습니까? 안에 엔진이 있고 바깥은 철판으로 만들어진 것인데, 우리나라에선 16세기에 이미 '거북선'이라는 철갑선을 만들었습니다. 반드시 좋은 배를 만들어드리겠습니다."

담판 끝에 그 자리에서 26만t급 초대형 유조선 2척을 수주하였다. 활짝 웃는 얼굴로 영국으로 돌아갈 수 있었다.

"자, 이거면 되겠습니까? 이것이 26만t급 초대형 유조선 2척을 수주한 계약서입니다."

영국 바클레이스은행 부총재를 만나 선박 건조 계약서를 내밀자 그는 놀랍다는 듯이 이렇게 물었다.

"도대체 당신은 무얼 전공했기에 그 어렵다는 조선소를 건설하려고 합니까?"

정주영은 초등학교 졸업장이 전부다. 그는 자신에게 던져진 질문에 잠시 당황한 듯 보였으나 이내 태연하게 되물었다.

"부총재님, 제가 제출한 사업계획서를 검토하신 줄로 아는데요?"

"그렇소. 당신의 사업계획서는 매우 완벽했습니다."

그러자 정주영은 자신 있게 덧붙였다.

"제 전공은 바로 그 사업계획서입니다. 어제 오는 길에 옥스퍼드대학교에 잠시 들러 그 사업계획서를 보여주었더니, 당장 경제학박사 학위를 주겠다고 하더군요."

순간 동석해 있던 모든 사람이 그의 재치 있는 유머에 박장대소했다. 바클레이스은행의 부총재 또한 그에게 옥스퍼드대학교 경제학 박사가 작성한 것보다 더 훌륭한 사업계획서라는 덕담을 하는 것을 애써 잊지 않았다.

이같이 꺾일 줄 모르는 의지와 재치 있는 임기응변으로 정주영은 영국과 이어 스위스 은행으로부터 자그마치 1억 달러의 자금을 빌리는 데 성공했다. 그런가 하면 아직 조선소도 건설하기 이전인 미포만의 갯벌 사진만을 달랑 내보인 후 26만급 초대형 유조선 2척을 수주하는 개가를 올렸다. '할 수 있을 것 같다'는 작은 확신만 보이면 앞뒤 가리지 않고 끝까지 최선의 노력을 다하는 그만의 문법이 결국 미래의 꿈이었던 조선소 건설을 가능케 한 것이다.

그렇게 외국 은행에서 거액을 빌리고, 선박왕 리바노스 회장으로부터 26만급 초대형 유조선 2척을 수주하여, '현대중공업' 울산조선소 도크에서 한창 선박 건조 작업을 하고 있을 때였다. 선각 건조 작업이란 배의 기본 형태를 만드는 과정을 일컫는다. 이때는 대형 철 구조물들이 선체 위에 덩그러니 올라가 있는 상태일 뿐, 용접으로 안전하게 고정되어 있지 않은 경우가 대부분이다.

하지만 철 구조물 한 개의 무게가 100~200t이기 때문에 그처럼 선체 위에 올려놓아도 별문제가 없었다. 골리앗 크레인으로 철 구조물들을 선체 위에 가득 올려놓은 다음, 수많은 용접공이 매달려 용접을 해나가기 시작하는 식이었다.

그렇더라도 자그마치 26만t급 초대형 유조선을 우리의 손으로 만들어보기는 그때가 역사상 처음이었다. 과연 그 거대한 철선을 만들어낼 수 있을지조차 장담하기 어려웠다.

그런 우려 속에 초대형 유조선이 한창 건조 중일 때였다. 아직은 모든 게 완전히 고정되지 않은 철 구조물들이 선체 위에 가득 올라가 있었던 터라, 안전사고에 만전을 기하지 않으면 안 되었다.

그때 예기치 않은 사태가 발생했다. 하필 여름 태풍이 울산만을 강타한 것이다. 작업은 전면 중단되었다. 벌떼같이 매달려 있던 현장 작업자들이 도크에서 모두 철수하여 태풍이 무사히 지나가기만을 기다리고 있었다.

한데 기어이 일이 벌어지고 말았다. 브리지bridge 부근에 올라가 있던 강철 구조물 하나가 태풍을 이기지 못해 흔들리기 시작한 것이다. 초대형 선박의 규모에 비하면 작은 철 구조물 하나에 불과하다지만, 그래도 자체 무게만 수십 톤이나 되는 쇳덩이였다.

더구나 브리지는 선박의 가장 높은 곳에 있어서 그 쇳덩이가 태풍을 이기지 못해 떨어지기라도 하는 날엔 선체가 큰 손상을 입게 될 게 뻔했다. 또 그렇게 되는 날엔 선체가 크게 파손되어 배 만드는 작업을 처음부터 다시 시작해야 하는 위험한 상황이었다.

정주영은 그때 현장주의자답게 울산 현장에 머물러 있었다. 현장 상황이 그에게 즉시 보고되었고, 그는 비바람 속에서 현장으로 내달렸다. 그는 비바람을 맞아가며 잠시 브리지를 올려다보더니, 무턱대고 도크 쪽으로 뚜벅뚜벅 걸어 나갔다. 모두가 놀라서 황급히 막아보려 하였으나 소용없었다. 그런 모든 손길을 애써 뿌리친 뒤 도크로 걸어가 선체 위로 올라가기 시작했다.

비바람이 미친 듯이 휘몰아쳤다. 그는 힘겹게 비바람을 뚫고 브리지로 올라갔다. 끝내 브리지까지 올라가 주변에 있는 와이어로프를 끌어당겨 흔들리는 쇳덩이를 고정하려고 안간힘을 다했다. 강한 비바람에 미끄러지기도 하였으나 여전히 사투를 벌이고 있었다.

    그런 모습을 바라보던 현장 작업자들이 너도나도 결연히 따라 나섰다. 누구 한 사람 시키지도 않았건만, 저마다 도크로 달려 나가 브리지 위로 올라갔다. 그와 함께 쇳덩이를 고정하는 작업에 일제히 달라붙었던 것이다.

    사투가 따로 없었다. 말이 철 구조물 고정 작업이지 생사를 건 무모한   모험이나 다름없었다.

    그뿐만 아니었다. 초대형 선박을 처음 만들어나갔던 만큼 우여곡절도 많았다. 당지 정주영의 증언이다.

    지금도 생각나는 사고가 있다. 26만t급이라면 배 길이가 320m에 폭이 50m가 넘는다. …배가 다 만들어진 후 점검을 해보니, 물에 넣어도 물 들어갈 틈이 없어서 다 된 줄 알았다. 나중에 보니 굴뚝이 빠져 있었다. 굴뚝 하나의 중량이 25t인데 그걸 빼놓고 배가 다 됐다고 한 것이다. 이런 죽일 놈들! 화가 머리끝까지 났지만, 어쩔 도리가 없었다. 도크에 물을 넣고 장비를 치우는 동안 탑재하면 되겠다기에 그렇게 하라고 지시했다. 나중에 보니까, 크레인에 굴뚝을 달아 정확한 높이에 맞춰

서 대기하고 있었다. 그런데 도크에 물이 들어가자 배가 떠오르면서 맞추어놓았던 굴뚝이 제 위치보다 한참 아래로 내려와 있었다. 도크에 물이 차면 배가 뜬다는 계산을 한 사람이 한 명도 없었다는 얘기다. 정신 빠진 놈들이라는 욕을 안 할래야 안 할 수가 없었다….

정주영의 현장은 늘 그런 식이었다. 일일이 쫓아다니며 참견하고 지시만 내렸던 것이 아니라, 모두가 두려워 망설이고 있을 땐 자신이 기꺼이 앞장섰다. 도무지 불가능할 것만 같아 모두가 머뭇거리고 있을 때면 여지없이 그가 나타나선 기어이 해결하고야 말았다. 하버드대 경제학자인 마이클 포터 교수는 그의 현장주의를 일컬어 '서부영화 속의 카우보이 총잡이'같다고 했다.

이유는 없다. 모두 나를 따르라!

같은 해 6월 28일은 우리나라 조선산업사에 큰 획이 그어진 날이었다. '현대중공업' 울산조선소의 제1단계 도크

준공과 동시에 2년 3개월여 동안 26만t급 초대형 유조선을 건조하고 진수하여, 세계 선박 건조 사상 전무후무한 기록을 남긴 뜻깊은 날이었다. 갈매기나 한가로이 날던 허허벌판의 갯벌 위에 조선소의 거대한 도크 공사를 하면서, 동시에 한 번도 만들어본 적이 없는 초대형 선박을 건조해낸 역사적인 순간이기도 했다.

하지만 말이 좋아 26만t급 선박이지 그건 괴물이 아닐 수 없었다. 그 거대한 선체가 균형을 잡고 도크 안에 서 있는 것도 아슬아슬하였지만, 도대체 물 위에 뜰 수 있을 것인가 하는 의문이 커져갔다. 선박의 건조가 마무리 단계에 접어들수록 '현대중공업'의 임직원들은 내심 두려움과 긴장감을 느낄 수밖에 없었다. 만에 하나 어떤 사태가 발생할지 아무도 알 수 없는 일이었다. 또 그런 기색이 벌써 그의 눈에 비쳤던 모양이다.

그쯤 되자 이번에도 그가 앞장을 섰다. '현대중공업'이 건조한 26만t급 초대형 유조선을 도크에서 옮기는 작업을 현장에서 진두지휘했다. 두렵고 긴장되어 머뭇거리기만 하는 임직원들에게 그는 이렇게 호령하고 있었다.

모든 것은 내게 맡겨라! 그렇게 겁이 나거든 집에 가서 내가 다시 부를 때까지 조용히 기다려라!

전형적인 경제 영토 정복자의 모습을 엿볼 수 있게 하는 대목이다. 그는 이렇게 도전정신을 현대왕국에 뼛속 깊이 심어놓았다.

후일담이지만, "반드시 좋은 배를 만들어드리겠다"라고 했던 정주영은 몇 년 뒤 그 약속을 지켰다. 선엔터프라이즈 리바노스 회장은 그런 정주영에게 이후에도 모두 15척의 초대형 유조선을 발주했다.

리바노스 회장은 정주영, 정몽준, 정기선(정몽준의 외아들)의 3대에 거쳐 지금껏 긴밀한 우정을 이어오고 있다고 한다. 그는 2016년 6월에도 선엔터프라이즈에서 발주한 15만 9,000t급 초대형 유조선 2척의 명명식에 참석하기 위해 팔순의 고령에도 불구하고 아들 스타브로스 리바노스와 함께 울산의 '현대중공업'을 찾았다. 40여 년 전 자신을 찾아왔을 때, 자신감 넘치던 정주영을 회고하기도 했다.

그 무렵 정주영의 하루

　세르반테스가 소설 『돈키호테』에서 인용하면서 세상에 널리 알려진 명언이 있다. "로마는 하루아침에 이루어지지 않았다"이다.

　정주영의 현대왕국 또한 하루아침에 이루어진 것은 아니다. 아름드리 거목도 처음에는 한낱 작은 씨앗으로부터 비롯되는 것처럼, 천 리 길도 한 걸음 한 걸음으로 시작된다. 그렇듯 하루하루가 쌓이고 또 달빛에 젖고 햇빛에 발하면 비로소 거목으로 우뚝 설 수 있게 되는 것이다. 요컨대 지금의 HYUNDAI가 결코 하루아침에 탄생된 것이 아니라, 왕국을 이끈 정주영의 일과부터 켜켜이 쌓여 마침내 지금의 모습에 이르게 되었다는 얘기다.

예상했겠지만, 그의 일과는 따로 정해진 게 없었다. 어디로 튈지 모르는 럭비공과도 같이 동에 번쩍, 서에 번쩍 나타나선 회사 안은 물론이고 현장을 온통 휘젓고 다녔다.

'정주영 회장은 누구보다 현장을 잘 알고, 잘 이해하며, 사랑한 분이셨다.'

다음은 '현대건설'의 비서실을 시작으로 30년 넘게 정주영을 지근거리에서 보좌해온 이병규 현대백화점 고문의 증언이다.

시간만 나면 현장으로 달려가셨습니다. 특히 자동차와 조선소가 있는 울산을 자주 가셨는데, 보통 새벽 4시에 서울에서 출발하면 금강휴게소까지 잠깐 눈을 붙이고, 이후 울산에 도착할 때까지는 울산에서 할 일을 미리 머릿속에 그리셨죠. 물론 서울로 올라오시는 길에서도 마찬가지였고요….

정주영의 하루 평균 수면 시간은 4~5시간이었다. 매일 새벽 4시쯤이면 벌써 일어나 5시부터는 전화로 현장 상황을 보고받았다. 현장을 한눈에 꿰뚫어보고 있어야 신속하고 정확한 의사결정을 내릴 수 있다는 것이 그의 지론이었다.

더구나 '현장 근로자들과 한 몸이 돼야 한다'며 그들과의 스킨십을 매우 중요하게 여겼다. 그들과 함께 저녁을 먹고, 격의 없이 막걸리 잔을 기울였는가 하면, 웃통을 벗어젖히고 씨름판을 벌이기도 했다.

"가끔은 새벽에 혼자 차를 몰고 현장을 돌아보시곤 했었죠. 한번은 새벽 3시에 잠을 깨 울산의 현대중공업을 돌아보는데, 비가 너무 쏟아져 앞을 분간할 수 없을 정도였어요."

그러다 실수로 차가 그만 도크 옆 바다에 빠지고 말았다. 하마터면 그대로 익사할 뻔했다.

정주영은 왜 그토록 현장을 강조했던 것일까? 그는 새벽잠을 쪼개어가며 한사코 현장을 휘젓고 다녀야만 했던 이유에 대해 이렇게 말하곤 했다.

그 옛날, 수많은 근로자를 일사불란하게 움직이게 하려면

눈도 세모꼴로 떠야 하고, 목청도 높여야 했으며, 때로는 정강이도 걷어차야 했을 뿐만 아니라 더 심하면 따귀도 올려붙여야 했었다….

…기업이란 냉정한 현실이고, 행동함으로써 이루고 키워나가는 것이다. 그저 앉아서 똑똑한 머리만 굴려선 기업을 키울 수 없다. 머리만 좋아서는 안 되고 몸소 행동해야 한다.

…나는 제아무리 어려운 일을 지시할 때도 시간을 많이 주지 않는 편이다. '내일 아침까지 해놓으세요.'…모든 일은 최대한 빠른 시간 안에 총력을 기울여 집중해서 처리하면 그 결과 또한 좋다.

…언제였는지 원효로 4가에 있는 중기 공장에 매일 한 번씩, 어떤 날에는 하루에 두 번도 갔다. 그래서 '오늘은 회장님이 다녀갔으니 내일이나 오겠지' 하고 방심하고 있던 직원들의 혼을 빠지게 만들기도 했다. 나타났다 하면 으르렁거릴 줄밖에 모르는 나한테 마음의 상처를 입었던 직원도 물론 많을 줄로 안다. 그 점에 대해서는 미안하게 생각한다.

그러나 누가 뭐라 해도 좋다. 그렇게 철저한 확인과 훈련, 독려가 오늘의 현대를 만들었다고 나는 확신한다….

3장

시대를
바꿔보겠다

정치권력의 한복판으로 뛰어들다

1980년 서울의 봄은 정주영에게도 불행한 시간이었다. 무고한 시민들을 살상함으로써 광주를 피로 붉게 물들였던 전두환의 신군부는, 비상계엄령이라는 방망이를 서슬 퍼렇게 휘둘러 국회를 단숨에 해산시킨 뒤, '국보위(국가보위비상대책위원회)'라는 발음하기조차 어려운 괴상한 이름의 입법 조직을 뚝딱 만들어냈다. 온 세상을 독재의 어두운 울타리 속으로 가두어 버렸다.

또 정권이 뒤엎어질 때마다 그랬던 것처럼 전두환의 신군부 역시 이번에도 만만하게만 보이는 재계를 좀 손보고 요리하려고 했다. 누구의 머리통에서 짜낸 유치한 발상인지는 몰라도 기업의 통폐합이라는 말 같지도 않은 강제 조치를 단행하고 나섰다.

여기에 정주영 또한 예외일 수 없었다. 그 역시 모 기관의 수사실로 조용히 불려갔다. 그런 다음 양자택일을 강요당했다.

그 기관에서는 '창원중공업(현대중공업 전신)'과 '현대자동차' 가운데 하나를 포기하라고 윽박질렀다.

당시 국보위의 방침은 정주영이 '창원중공업'을 김우중의 대우중공업에 넘기고, 김우중의 대우자동차는 정주영의 '현대차'에 넘겨 해당 업종의 국가경쟁력을 높인다는 단순한 계산에서 나온 것이었다.

"어떻습니까? 정 회장께서도 찬성하시는 거죠?"

국보위 담당자는 간략한 설명을 마치자마자 정주영을 날카롭게 쏘아보며 그렇게 물었다. 마치 당연히 동의해야 한다는 강압적인 분위기였다.

정주영은 찬성할 수 없다고 대답했다. 그렇게 대답하는 순간 따귀를 세차게 얻어맞을지, 무자비한 발길질이 날아들지, 전혀 예측할 수 없는 두려운 상황이었다. 정주영이 아니고선 아무나 지닐 수 없는 뚝심이었다.

국보위 담당자의 표정이 한순간 싸늘하게 바뀌어갔다. 신군부가 나서서 국가를 개혁하려는 데 무슨 대답이냐는 뜨악한 얼굴이었다.

정주영은 끝내 굽히지 않았다. 살 떨리는 공포 분위기 속에서도 특유의 배 짱으로 자신의 주장을 밝혔다.

국보위에서는 난리가 났다. 당장 자동차와 중공업 가운데 하나를 당장 선택하라고 소리쳤다.

정주영은 "절대로 못 한다"라고 했다. 사정상 어쩔 수 없이 기업을 인수했던 '인천제철'을 제외하면 어느 기업 하나 자신의 손으로 말뚝을 박고 길을 닦아 시작하지 않은 것이 없었다며, '창원중공업'도 '현대차'도 내줄 수 없다고 끝내 버텼다.

이렇게 그가 한사코 버티자 나중에는 현대그룹의 핵심 간부들까지 지하실로 줄줄이 끌려왔다. 저마다 혹독한 대접(?)을 받았음은 물론이다.

한데도 그는 요지부동이었다. 막다른 험악한 분위기 속에서도 다른 기업인들과는 달리 자신의 비장한 의지를 끝까지 보여준 것이 사실이다.

그는 평소 자신을 '큰 일꾼'이라고 부르길 좋아했다. 이는 나이가 들어서도 다르지 않았다. 큰 일꾼으로서 자신은 아직 늙었다고 생각하지 않았으며, 일에는 늙고 젊음이 따로 없다고 굳게 믿었다. 어차피 자신은 평생 큰 일꾼으로 살아가길 원하고 있던 터였다.

이랬던 그가 몇 년 후에는 자신의 불문율을 스스로 깨고 나섰다. 돌연 정치판에 뛰어들어 일대 파란을 일으킨다.

1992년 새해 벽두였다. 그가 '통일국민당'을 창당했다. 살벌한 정치권력의 한복판으로 다시금 정벌에 나선 것이다.

충격적인 변신이었다. 당시 그는 이미 칠순하고도 여덟 살이나 더 많은 고령이었다.

따라서 그 당시 이런저런 말이 많았다. 선거 과정에서 해프닝도 자주 벌어졌는데 이 때문에 하루도 조용할 날이 없을 정도였다.

한데 풀리지 않는 의문이 있다. 편안한 집안에 가만히 들어앉아 쉬어도 결코 성치 않을 고령에, 하필이면 왜 그

살벌하다는 정치판으로 뛰어들어 정벌에 나섰느냐는 거다. 그것도 정치 9단으로 산전수전 다 겪은 민주당의 김대중과 민자당의 김영삼을 상대로 말이다.

그의 이 같은 변신을 두고 세간에서도 별의별 말들이 나돌았다. 노욕? 대통령병? 정치도박? 죽기 전에 자신이 나서 어떤 손볼 일이 있었다는 둥.

그러나 고령인 그가 왜 살벌하다는 정치판에 뛰어들어 직접 정벌에 나서야 했는지에 대해선 정확히 밝혀지지 않았다. 단 한 번도 그 점에 대해 진지하게 논의하거나 심층까지 파고든 적도, 또 자신이나 주위의 누구에게도 속 시원히 속내를 털어놓은 적도 없었다.

당시 그가 정치판에 뛰어들면서 표면적으로 내세웠던 건 '경제 살리기'였다. 좀 더 뒤에 나올 얘기이긴 하지만, 그가 표방한 슬로건은 막강한 정치력을 발휘하고 있던 김대중이나 김영삼과는 다르게 자신의 주전공이랄 수 있는 '경제대통령'이었다. 이보다 훨씬 뒤에 치러진 제17대 대통령 선거에서 이명박이 처음부터 '경제'를 내세워 젊고 패기만만한 민주당의 정동영 후보를 멀찌감치 따돌렸던 것도 따지고 보면 그가 원조였던 셈이다.

    그렇더라도 결코 적지 않은 나이에 정치판에 전격적으로 뛰어들어 정벌에 나섰다는 건, 그저 단순히 '먹고 사는' 경제 문제 때문만은 아니었을 것이라는 게 중론이다. 필경 또 다른 무슨 곡절이 있었음이 분명해 보였다. 다만 지금에 와서 그의 심중을 헤아리기 어려울 따름이지만 그저 계란으로 바위를 치는 것과 같은 무모한 도전에 나섰다고는 믿어지지 않는다.

    한데도 여전히 알 수 없는 일이었다. 그 점에 관해 알려진 것이라곤 일절없었기 때문이다.

    물론 그의 자서전인『이 땅에 태어나서』에 일말의 단서가 아주 없는 건 아니었다. 1980년 전두환의 신군부가 등장했을 때 쥐도 새도 모르게 국보위에 끌려가서 다른 기업인들과는 확연히 다르게 "절대로 못 한다"라고 하면서 끝까지 버텼음에도 끝내 '창원중공업'을 강탈당하고 만 뒤, 그는 늘 '경제 논리가 통하지 않은 시대'였다고 한탄하고는 했다.

(전두환의) 5공화국 시절에는 기업에 어렵지 않았을 때가 별로 없었지만, 창업자였던 아우 인영이가 옥고까지 치르면서 1전 한 푼 못 건지고 창원중공업 공장을 강탈당했던 기막힌 사건은 뇌리에서 지워지지가 않는다. 나는 사람에게는 전쟁 이상의 고난은 없다고 생각하면서 산다. 전쟁만큼의 고난은 아니지만 자격이 전혀 없는 이들의 손에 쥐어진 권력이라는 칼날 아래 기업을 하면서 정변 때마다, 정권 교체 때마다 그때그때 겪어야 했던 고난과 고통도 쉽지는 않았다….

어떤가? 어떤 심증이 가진 않은가?

정치권력의 한복판에 발을 들여놓던 해엔 보다 직설적인 발언도 내놓았다. 1992년 월간「신동아」와의 인터뷰에서 정치에 참여한 이유에 대해 그는 이같이 밝힌다.

나는 우리나라 경제를 꾸준하게 발전시키려면 기업인의 능력만 가지고는 역부족이니까 언젠가는 정치를 해야겠다, 정치를 해서 정치가 열심히 기업 경영을 하여 자기 기업을 성장시키는 모든 사람한테 지장을 주거나 방해가 되는 일은 하지 않아야겠다. 그래야만 이 나라 경제가 경쟁력을 갖추고 정상적으로 발전할 수 있겠다고 생각했습니다. 그랬는데 근래에 와서 1백억 달러 무역 흑자를 내던 우리나라가 다시 연간 1백억 달러 적자로 돌아서고, 작년 말로 적자 누계가 4백억 달러, 금년 말까지 5백억 달러가 되는 것은 명약관화한 사정이 되었어요. 나는 현재의 민자당 정부가 5년 해서 이렇게 경제가 파탄에 빠졌는데 다시 5년을 더 하게 되면 이 나라 경제는 수렁에 빠져서 재기불능에 빠질 염려가 있다고 생각합니다. 그래서 나는 새롭고 창의적이며 능력 있는 정치가들이 나와서 이 나라 경제를 수렁에서 건지고 새로운 기풍을 진작하지 않으면 이 민족은 영원히 재기의 기회를 놓친다고 생각해서 정계에 나왔습니다….

완곡한 표현이긴 하지만 발언의 서두를 주목해주길 바란다. '자기 기업을 성장시키는 사람들한테 지장을 주거나 방해가 되는 일은 하지 않아야겠다'고 한 부분을. 아무래도 이날 인터뷰에서 방점은 거기가 아닐까 싶다. 나머지 부분은 다른 후보들도 얼마든지 발언할 수 있는 내

용이었던 것으로 보인다.

    이쯤 되면 일말의 단서로 볼 것이 아니라 어떤 추론도 가능하지 않겠는가. 한 평생 기업을 이끌어오면서 그때마다 고스란히 남은 마음의 상흔, "기막힌 사건은 지워지지 않는다"라고 말한 그 같은 상흔을 치유하기 위해서라기보다는, 어쩌면 자신이 나서 반드시 근절시키고 싶은 어떤 남다른 생각을 품었던 건 아닐까? 자신이 나서 올바르게 정립시키지 않으면 안 되는 어떤 무엇이 있었잖느냐는 얘기다. 또 그러한 '일' 역시 오직 자신만이 해낼 수 있다고, 생애 마지막 남은 과제로 여겼을는지도 모른다는 사실이다.

    아니 천하의 정주영을 일컬어 불세출의 신화 어쩌고 할 땐 언제이고, 이제 와서 엉뚱한 소리를 하느냐고 반론을 제기할 수도 있다. 하지만 생각해보라. 제아무리 영웅호걸이라 하더라도 마음의 상처가 있기 마련이다. 또 그런 마음의 상처로 인해 얼마든지 역사가 뒤바뀔 수도 있음을 우린 이미 숱하게 목격하지 않았던가.

    하지만 이런 사실을 여기서 무슨 수로 입증할 수 있겠

는가. 말로만 듣던 모 기관의 지하 수사실에서 당시 그가 고통을 겪으며 무슨 생각을 했을지 그 내밀한 속내를 어떻게 알 수 있단 말인가.

다른 기업인들은 당시를 이렇게 회고한다. "기업을 경영하면서 정치권력이라는 칼날 아래 정변 때마다 혹은 정권 교체 때마다 겪는 고난과 고통이 결코 작지 않았다."

그 역시 다르지 않았다. 방법은 조금 달랐지만, 그런 이유 때문에 칠순 하고도 여덟 살이나 더 많은 고령에 결국 정치판에 뛰어들어 정치권력을 바꾸어 놓겠다고 결심한 것으로 추측된다. '경제 논리가 통하는 시대'로 만들어 놓겠다는 것을 자신의 생애 마지막 남은 과제로 여겼을 것이다.

어쨌든 정주영은 늘그막에 정치판으로 뛰어들었다. 정치판에 뛰어서도 그는 예의 저돌적인 면모를 보였다. 당시 언론이 그를 '불도저'라고 표현한 것은 매우 적절한 수식어였다.

그는 통일국민당을 창당하자마자 신선한 바람을 불러일으켰다. 선거판을 주도해 가며 도처에서 돌풍을 몰아갔다. 정치판에 뛰어들어서도 그는 예의 '끝까지 최선의 노력을 다하는', 마치 광야를 내달리는 준마와 같은 모습을 보여주었다.

그렇게 그 해 총선에서 지역구 의원 24명을 당선시켰다. 거기에 전국구 7석을 합하여 모두 서른한 석을 차지함으로써 '캐스팅 보트'를 쥔 원내 제3당으로 당당히 자리 잡을 수 있었다.

그도 전국구 후보로 국회에 진출하여, 저고리 옷섶에 당당히 금배지를 달았다. 여당이던 민자당을 뛰쳐나와 자신의 참모역을 맡았던 6남 정몽준도 울산동 지역구에서 당선되었다. 아버지와 아들이 총선에서 나란히 당선된 건 의정 사상 처음 있는 일이었다.

이런 여세를 몰아 78세라는 고령에도 그해 겨울에 치러진 대통령 선거에서 통일국민당 후보로 나섰다. "난파된 대한민국호號를 고쳐서 항해를 계속할 수 있도록 만들겠다"라고 공약했다. 14대 대통령 선거에서 그는 한국 정치사의 두 거물인 집권당 민자당의 김영삼(YS), 야당 민주당의 김대중(DJ)과 함께 물러설 수 없는 처절한 3파전을 벗어나간다. 그는 "나를 대통령으로 뽑아준다면 국민이 모두 잘 사는 민부民富의 시대를 열겠다"라고 포효했다.

패배로 막을 내린 '정주영 신화'

31석의 의석을 확보하면서 원내 제3당의 '캐스팅 보트'를 쥔 정주영은 같은 해 겨울에 치러진 대통령 선거에서 후보로 나섰다. 그때 지금이나 하늘 높은 줄 모르고 치솟는 아파트 분양가를 절반으로 낮추겠다고 한 것을 시작으로, 집권한 지 1년 안에 국제수지를 100억 달러 흑자로 만들어 1인당 국민소득을 2만 달러까지 끌어올리겠다고 호언장담했다.

그렇잖아도 당시의 경제는 내리막길로 치닫고 있었다. 그가 쏟아내는 한마디 한마디는 국민들로부터 박수갈채를 받았다.

정주영의 이 같은 선전은 대선에서 가장 중대 변수로

부각되었다. 예상을 훨씬 웃도는 인기로 대선에서도 또다시 극적인 '정주영의 신화'가 탄생될지도 모른다는 소문이 그칠 줄 몰랐다.

그쯤 되자 지지 기반이 겹치는 민자당의 김영삼 후보와 정주영 사이에 틈새가 벌어질 수밖에 없었다. 더구나 세간에선 선거 막바지에 이르면 민주당 김대중 후보를 떨어뜨리기 위해 정주영이 민자당 김영삼 후보의 손을 들어줄 가능성이 높다는 소문이 파다했다. 아무래도 그가 정치 초년병인데다, 건강에 이상이 있어 중도에 포기한다는 출처 불명의 뜬소문마저 그칠 줄 몰랐다.

'나라가 망해가고 있는데 밀실에서 대권 흥정이나 벌이자고 하는 사람은 통치자로서의 자격이 없다!'

'이제 와서 간교를 부리는 것을 보니 사람이 변한 모양이다!'

'의리라곤 없어 도저히 믿지 못하겠다!'

그러나 세간의 뜬소문을 일축이라도 하듯 정주영은 김영삼 후보를 거침없이 몰아붙였다. 김영삼 후보를 향해 연일 맹공을 퍼부었다.

김영삼 후보도 가만히 있을 사람이 아니었다. 그 역시 정주영 후보를 노골적으로 적대시했다.

사실 대선 전만 해도 둘의 사이는 그리 나쁘지 않았다. 그는 가까운 사람들에게 "YS를 지지하는 게 좋지 않겠느냐"라고 했을 정도였다. 김영삼 후보 역시 그를 '훌륭한 기업인'이라고 추켜세우고는 했다.

한데 대선 열기가 둘 사이를 돌이킬 수 없는 사이로 갈라놓았다. 날이 갈수록 두 사람 사이의 원색적인 비난이 수위를 높여갔다. 또 그런 형세에서는 자연스럽게 쫓기는 쪽보다는 쫓아가는 쪽이 훨씬 더 날카로운 발톱을 세우기 마련이었다.

마침내 공방을 주고받은 선거전도 끝나 일제히 개표에 들어갔다. 개표 결과 민자당 김영삼 후보가 당선되었다. 김영삼은 997만 표(41.98%), 김대중은 804만 표(33.82%)를 각각 득표했으며, 정주영은 388만 187표(16.32%)를 얻는 데 그쳤다.

"시련은 있어도 실패는 없다"라고 외치던 그였으나, 대선 패배는 충격적이었다. 더구나 그 충격은 단순히 대선 패배로 마무리되는 것이 아니었다.

패배한 만큼 거기에 따른 가혹한 업보가 그를 기다리고 있었다. 패자가 겪어야 할 엄청난 수모 말고도, 전 생애에 거쳐 피땀으로 일으켜 세운 그의 왕국마저 그 기반이 위태로운 지경에 놓였다.

아니나 다를까 현대그룹이 선거 기간에 자금을 끌어다 쓰거나 임직원들을 동원했던 사실들이 차례대로 드러나기 시작하면서, 알 수 없는 소문들이 끊임없이 나돌았다. 그가 이제 단순한 선거 사범이 아니라 형사범으로 처벌받을 가능성이 날로 커져갔다.

결국 그는 자신이 원하지 않았지만 국회의원직과 통일국민당 대표최고위원 자리를 내놓은 채 정계에서 물러나야 했다. 당장 자신의 왕국에 휘몰아칠 후폭풍을 모면하기 위해서는 어쩔 수 없는 선택을 해야만 했다.

하지만 시련은 거기서 끝나지 않았다. 끝내 그는 법정에까지 서야 했다. 선거가 끝나고 2년 뒤, 정주영은 서울고등법원 형사1부 법정의 피고인으로 서 있었다. 그에

대한 '대통령 선거법 위반사건' 항소심 선고 공판이 열렸다. 재판장 이상현 부장판사는 판결문을 읽어 내려가기 시작했다.

…회사에 노동력을 제공하기만 하면 되는 근로자에게 창업주 개인의 선거 업무까지 떠맡기는 전근대적 고용관계는 현대사회에서 도저히 용납될 수 없는 일이다….

여든 노구의 그는 법정에 힘겹게 선 채 재판부의 따가운 훈시를 고스란히 들어야 했다. 그는 최후 진술에서 "여든 살이 된 제가 무슨 욕심이 있겠습니까? 다만 (YS) 대통령을 도와 국가경제를 살리는 데 여생을 바치고 싶습니다"라며 선처를 호소했다.

그에게 선고된 형량은 징역 3년이었다. 그간의 경제적 공로와 업적을 참작해 내려진 판결이었다. 다만 재판부는 실형을 선고하고도 곧바로 수감하지는 않았다. 당연히 법정 구속으로 이어져 구치소에 수감되어야 했지만, 고령인 점이 고려되었다.

경영 일선으로 복귀할 수도 없었다. 정계에서 물러나면서 경영 일선으로의 복귀를 원했으나 그때마다 발목이 묶이고 말았다.

정주영은 그로부터 1년이 지난 후에야 겨우 복권될 수 있었다. 1995년 8·15광복절 특사로 가혹한 업보에서 가까스로 벗어나게 되었다.

그러나 8·15광복절 특사로 복권되기까지 그가 치러야 했던 대가는 너무도 컸다. 너무나도 뼛속 깊은 치욕이었다.

심지어 그는 "정직한 (YS) 대통령을 뽑은 한국 국민들은 위대하다. 나를 뽑았더라면 큰일 날 뻔했다"라며, 자신의 뺨을 스스로 때려야 하는 자기 부정마저 마다하지 않았다. 불과 몇 달 전만 하더라도 "한 치 앞도 내다보지 못한 위인들이 그만 '대통령병'에 단단히 걸려 선거 때마다 분칠을 하고 나온다"라는 비난조차 서슴지 않던 그답지 않은 유화 제스처였다.

뿐만 아니라 현대그룹을 해체하여 경영과 소유를 완전히 분리하겠다는 움직임마저 보여야 했다. 겉으로는 대통령 선거 때의 재벌 해체 공약을 실천하는 것이란 설명까지 덧붙여졌다.

그렇게 '현대해상화재보험', '현대알루미늄', '금강개발', '한무쇼핑' 등 일부 계열사의 분리 작업이 서둘러 시작된 것도 그 무렵이었다. 곧바로 분리되어 떨어져 나가더라도 그룹 전체에 별다른 영향을 주지 않는 기업 위주로 대상을 고른 것이라고 했다. 뒤이어 현대그룹은 왕국을 대표하는 '현대중공업'을 비롯하여 '현대상선', '고려산업개발', '현대산업개발', '현대엘리베이터' 등 굵직굵직한 5개 기업군을 공개하기로 결정해야 했다.

아울러 과장급 이상 모든 임직원의 신년도 임금을 전격적으로 동결하는가 하면, 이어서 계열사에서 생산되는 제품의 가격을 한시적이나마 묶어두었다. YS정부의 이른바 '신경제 100일 계획'과 '고통 분담 정책'에 적극적으로 동참하는 것이라고 밝혔다. 참으로 눈물겨운 짝사랑(?)이 아닐 수 없었다.

어쨌거나 그런 가혹한 업보의 대가, 눈물겨운 짝사랑마저 다 바쳐서 끝내 8·15광복절 특사로 가까스로 복권될 수 있었다. 그렇듯 안으로 피를 흘려가며 계동 현대그룹 사옥 12층에 있는 자신의 집무실에 '명예회장실'이란 팻말이나마 다시금 내걸 수 있게 되었다.

정주영은 그날 이후 곧바로 정례 사장단 회의를 주재한 데 이어, 하루도 빠짐없이 집무실에 꼬박꼬박 출근했다. 아침 8시면 어김없이 자신의 집무실에 출근하여 그룹의 주요 결정 사안들을 직접 의욕적으로 챙겨나가기 시작했다. 그가 왕국으로 다시 돌아온 것이다.

창업이 어려운가, 수성이 어려운가

 정주영이 대선에서 패배한 후 갖은 수모를 겪으면서까지 애써 경영의 일선으로 돌아오고자 했던 건 자신에게 남은 마지막 과제 때문이었다. 말년에 이른 그 역시 당 태종이 그랬던 것처럼 창업과 수성의 어려움을 남몰래 저울질하며 혼자 고민하는 날이 많아졌던 것이다.

 아무렇든 그가 다시 돌아온 1998년, 현대왕국의 경제영토는 광활했다. 그룹의 계열사 기업 62개, 종업원 수 20만 명, 자산 총액 73조 5,200억 원, 국내 재벌기업 자산 순위 1위, 한 해 전 기준 매출액 55조 6,253억 원을 기록했으며, 국내 전체 GDP의 약 17%를 차지했다.

 이 같은 현대왕국의 최고경영권이 마침내 후계자의

손으로 넘어간 건 이태 전인 1996년이었다. 창업주 정주영 명예회장 이후, 짧은 과도기인 넷째 동생 정세영 2대 회장 시기를 거쳐서 마침내 그의 2남 정몽구 후계체제로 들어섰다.

비록 5남 정몽헌과 함께 그룹의 지휘봉을 나누어 쥐었다고는 하더라도, 2남 정몽구에게 우선권이 부여되어 있다는 건 누구도 부인할 수 없는 기정사실이었다. 실제로 정몽구가 2남이라곤 하지만 큰아들인 정몽필이 이미 오래전에 타계했기에 그동안 그가 집안에서 실질적인 큰아들 노릇을 해오고 있었다. 정주영도 그룹에 중대한 일이 있을 때면 정몽구를 불러 동석시키곤 했다. 정세영, 이명박 등과 함께 앞자리에 배석시켜 함께 협의하도록 했다.

이런 정몽구가 취임식을 거쳐 정식으로 그룹의 회장 자리를 물려받게 된 때는 1996년 정초였다. 새해 업무를 시작하는 그룹 시무식에서 그룹의 최고경영권을 정식으로 넘겨받게 된 것이다.

반면에 이날 10년(1987~1996) 가까이 그룹의 과도기를 이끌어왔던 정세영 회장이 이임식을 열고 경영 일선에서 물러났다. 겉으로 보기엔 경영권이 숙부에서 조카에게로 넘겨진 모양새였으나, 실제로는 아버지 정주영에게서 2남 정몽구에게로 넘겨진 것이나 다름없었다.

아울러 최고경영진에 대한 전면적인 후속 인사가 뒤따랐다. '현대전자' 회장인 5남 정몽헌은 그룹 부회장으로 한 단계 더 높은 자리에 올라갔다. 그룹을 이끌어나가는 큰 지휘봉은 정몽구에게 넘겨주었으나, 무슨 고민이 또 남아 있었던 것인지. 작은 지휘봉 하나를 더 만들어 5남에게 쥐어준 셈이다.

정몽규(현 대한축구협회장) '현대차' 부사장은 몇 단계를 뛰어올라 '현대차' 회장으로 승진했다. 정세영의 외아들인 그는 이때 불과 33살이었다.

'현대정유'와 '현대석유화학'의 부사장직을 맡고 있던 정몽혁도 사장으로 승진했다. 정몽혁은 정주영의 다섯째 동생으로 독일에서 박사논문을 준비하던 중, 그만 타계하고만 정신영의 외아들이다.

그러나 정주영을 도와 창업 때부터 그룹을 이끌어왔던 원로들은 이날 대부분 퇴진했다. 그룹 설립 이래 처음으로 세대교체를 단행한, 이른바 '2세의 시대'가 마침내 열리게 된 것이다.

    같은 날 '현대종합상사' 이춘림 회장도 물러났다. 그는 일찍이 '현대건설'이 미군 발주 공사(1950)로 이제 막 발판을 다지던 무렵부터 정주영과 동고동락해온 원로 세대의 대표주자이자, 사실상 그동안 정주영에 이은 넘버 투로서 그룹의 부회장에 버금가는 역할을 맡아왔었다. 그런 그가 그룹 고문으로 한걸음 뒤로 비켜섰다. 이어 '현대상선' 회장 한영원, '현대증권' 사장 김동윤, '대한알루미늄' 회장 송윤재 등도 경영 일선에서 동반 퇴진했다.

    그러나 이날의 전면적인 후속 인사에서 가장 두드러졌던 건 그룹의 분가分家 방침이 거듭 확인되었다는 점이다. 계열사 분리 작업이 더욱 신속하게 진행될 것임을 예고하는 절차이기도 했다.

    요컨대 정몽구 신임 회장이 그룹의 회장으로 그룹 전체를 관할하면서 '현대정공', '현대강관', '현대차서비스', '현대산업개발', '인천제철' 등을 직접 거느리게 했다. 5남 정몽헌은 그룹 부회장으로 '현대전자', '현대상선', '현대엘

리베이터' 등을 직접 관할하게 했다. 3남 정몽근은 '금강개발' 회장으로, 6남 정몽준은 '현대중공업' 고문으로(당시 현역 국회의원 신분이었다.), 7남 정몽윤은 '현대해상화재' 사장으로 각각 재임하게 했고, 막내 정몽일은 '현대종합개발금융' 사장직을 그대로 유지토록 했다.

물론 2세들을 전진 배치하는 된 배경에는 정주영의 입김이 없지 않았다. 그는 기회 있을 때마다 "내 자식들은 10년 이상 경영에 참여해 전문 경영인으로서 능력을 키워왔으니 이제 책임을 지고 회사를 꾸려나갈 수 있으리라고 본다"라고 말해왔다. 일찍부터 그룹의 분가 방침을 염두에 두고 있었다는 얘기다.

그러나 이 같은 일련의 조치들은 그가 예전부터 다짐해오던 자신의 공언에서 크게 후퇴한 것이었다. 그는 벌써 몇 번씩이나 "내 아들 가운데 누구에게도 경영권을 넘겨주지 않을 것"이라고 공언했었다. 자식들에게 구멍가게 하나씩을 떼어주어 먹고 살게는 하겠지만, 그룹을 통째로 넘겨주는 일은 결코 없을 것이라고 다짐한 것이다.

적어도 그가 정치판에 뛰어들기 전까지만 해도 그랬다.

심지어 그는 신문 인터뷰에서 "딱 잘라 말하지만, 둘째 아들 몽구가 그룹의 회장을 맡는 일은 절대 없을 것이다. 우리 가족 중에서 그룹 회장을 맡는 사람은 정세영 회장이 마지막이 될 것이다"라고 호언했을 뿐 아니라, "내가 물러나면 현대그룹에는 그룹 회장이라는 단어가 사라지게 될 것"이라고 장담하기도 했다.

그랬던 정주영이 돌연 딴소리를 하기 시작한 것이다. "미국의 포드, 일본 도요타는 소유와 경영이 분리되지 않았어도, 세계적인 기업으로 우뚝 서 있지 않은가? 따라서 소유와 경영이 반드시 분리되어야 한다고 생각하지는 않는다. 누가 소유하느냐보다 어떻게 경영하느냐가 더 중요하다고 보기 때문이다"라고 했다.

'우리나라는 오너 체제다. 일본은 법인 체제로 법인이 부富를 지배하고 있다. 우리나라도 2세 체제를 지나 3세 때가 되면 저절로 일본처럼 되지 않겠는가.'

요컨대 뛰어난 역량만 갖춘다면 재벌 2세라고 해서 굳이 경영을 떠맡지 말아야 할 이유가 없지 않느냐는 거였다. 정주영의 후계자 자리는 그 같은 논리에 따라 2남인 정몽구에게 돌아갔다. 정주영에 이어 왕국을 이끌어갈 새 총수로 지목된 것이다.

왕국의 새 총수로 나선 정몽구는 흔히 그룹 내에서 'MK'라는 이니셜로 통한다. 별명으로도 애칭으로도 그렇게 불렸다.

그는 정주영과 변중석 여사 사이의 9남매(8남 1녀) 중 둘째로 태어났다. 앞서 언급한 대로 '인천제철'을 이끌고 있던 장남 정몽필이 1982년 봄 아직 쉰도 안 된 젊은 나이에 그만 불의의 교통사고로 사망한 이후, 집안에서 실질적인 장남 역할을 도맡아왔다.

그러면서 '현대정공', '현대강관', '현대차서비스', '현대산업개발', '인천제철' 등 왕국의 굵직한 계열사들을 이끌어왔다. 그가 우선 맡아온 계열사의 숫자만 봐도 그렇지만, 비중을 따지더라도 다른 형제들과는 다른 대접(?)을 받고 있었던 셈이다. 그룹 안에서의 발언권도 형제들 사이에서 자연 우선순위가 주어졌다. 그는 장남으로서 조금도 손색이 없었던 거다.

하지만 정몽구는 자신이 장남이라서 왕국의 지휘봉을 거저 물려받았다는 소릴 가장 듣기 싫어했다. 그동안 남모를 혹독한 경영수업을 받으며 나름대로 준비를 해왔다고 생각했기 때문이다.

그도 그럴 것이 그가 왕국에 첫발을 들여놓은 건 1969년으로 거슬러 올라간다. 그것도 '왕의 아들'로 그냥 들어올 수 있었던 게 아니다. 다른 임직원들과 똑같이 평사원으로 입사했다. 현대가 이제 막 대기업으로 발돋움하기 시작할 무렵이었다.

1년여 동안 평사원으로 기본 업무를 익힌 그는, 당시 갓 출범한 '현대차'로 자리를 옮겨 숙부인 정세영 사장 밑에서 부품과장, 자재부장, 사업소장 등을 두루 거쳤다. 이것저것 다 경험했다고나 할까.

그러다 입사한 지 4년여 만(1973)에 이사로 승진하게 되었다. 그로부터 1년 후쯤엔 새로이 설립된 '현대차서비스' 사장직을 맡으면서 CEO 자리에 올랐다. 아버지와 숙부의 그늘에서 벗어나 나름대로 경영의 역량과 수완을 발휘할 수 있게 된 것도 바로 이때부터였다.

한데 막상 뚜껑을 열어본 결과 그의 경영력은 놀랄만한 것이었다. 이제 막 걸음마를 시작한 '현대차서비스'의 경영 실적이 해마다 두 배 이상 급속도로 늘고 있었다.

정몽구는 늘 현장에 붙어 살았다. 양복에 넥타이를 매어본 일이 없을 정도로 매번 점퍼에 군화 차림이었다. 철저한 현장주의자였던 그 아버지에 그 아들이었다. 아버지가 걷던 바로 그 길이었다.

더욱이 그가 CEO로 경영 능력을 발휘하던 시기에 큰 숙부 정인영이 그룹과의 결별을 선언하고 뛰쳐나갔다. 철석같이 믿었던 아우가 자신의 곁을 떠나감으로써 생긴 공백을 그가 제대로 메워주웠는데 이는 아버지의 근심을 덜어준 결과가 되었다.

그같이 아버지의 신임을 한 몸에 받게 된 그는, 오래지 않아 '현대정공'마저 맡게 된다. 이번에도 그의 역량은 유감없이 발휘되었다. 그러자 아버지는 뒤이어 '현대강관', '현대산업개발', '인천제철'까지 잇달아 맡겼다.

정몽구는 처음부터 별명이 '불도저'였다. 아버지의 별명 그대로다.

그것만이 아니다. 나이가 들어갈수록 겉모습은 물론이고 성격까지도 아버지를 그대로 쏙 빼어 닮았다는 소리를 들었다. 밀어붙이는 추진력이나 과감한 경영 스타일이 아버지와 거의 같았다. 유난히 보스 기질이 남다른 데다 소탈하고 선이 굵은 것까지 그렇다. 솥뚜껑만 한 손바닥과 『삼국지』를 탐독하는 것까지도 아버지를 그대로 빼닮은 점이었다.

하지만 아버지에 대한 그의 사랑과 존경심은 별로 알려져 있지 않은 것 같다. 그는 왕국의 새 총수에 임명되기 전까지만 해도, 회사에 출근하면서 현대그룹 본사의 현관 정문을 이용한 적이 단 한 번도 없었다. 아버지 앞에 자신을 철저히 낮추어 왔음을 짐작케 한다.

그룹의 총수가 된 이후에도 그는 조금도 달라지지 않았다. 아버지를 배웅할 때면 승용차가 시야에서 완전히 사라질 때까지 승용차 쪽을 향해 거의 90도 각도로 허리를 굽혀 인사하는 것은 흔히 목격할 수 있는 장면이었다. 아버지에 대한 사랑과 존경심이 그만큼 절대적이었다.

정몽구 회장은 그룹 총수의 자리에 오른 지 2년 후, 환갑을 맞이하게 된다. 이때에도 바깥 행사를 일절 따로 하지 않았다. 그저 부인과 1남 3녀의 가족들만이 단출한 환갑상을 차리고 넘어갔다. "아버님께서 아직도 건재하신데 환갑이라고 떠들썩하게 잔치를 치르기가 민망하다"라며 형제들과의 모임도 따로 하지 않은 채 그냥 넘어갔다. 아버지에 대한 사랑과 존경심이 얼마나 지극한지를 보여주는 대목이다.

그럼에도 갈라서고 분가한 정주영의 현대가家

현대왕국의 영원한 수성을 위한 최고경영권이 마침내 후계자의 손으로 넘어간 건 1996년 정초였다. 창업주 정주영 명예회장에서 과도기 단계인 정세영 회장을 거쳐, 그동안 실질적인 장남 역할을 해온 2남 정몽구로의 후계 체제로 들어갔다는 건 이미 설명한 그대로다.

한데 5년이 지난 2000년 왕국에서는 끝내 경영권 다툼이라는 내분이 일어나고 말았다. 큰 지휘봉을 물려받은 2남 정몽구 회장의 체제에 작은 지휘봉을 물려받은 5남 정몽헌을 비롯한 형제들이 일으킨 '왕자의 난'이 바로 그것이었다.

이때 왕국의 자산 규모는 87조여 원이었고 계열사 수

만도 40개가 넘었다.

하지만 왕자의 난으로 말미암아 그룹은 다시 갈라서고 분가하면서, 외형상의 규모는 더 작아지고 말았다. 결과적으로 재계 서열도 곤두박질쳤다.

한데 경제 전문가들은 전화위복이라고 말했다. 지금 당장은 갈라져서 작아지고, 그 때문에 순위도 곤두박질쳤다지만, 이제야 비로소 먼 훗날을 기약할 수 있게 되었다고 입을 모았다.

그도 그럴 만했다. 왕국은 왕자의 난을 거치면서 8남 1녀가 서로 갈라서고 분가하면서 자동차 중심의 현대차그룹, 유통 중심의 현대백화점그룹, 해운과 제조 중심의 현대그룹, 조선 중심의 현대중공업그룹, 금융 중심의 현대해상그룹 등으로, 각기 전문 그룹의 길로 나서게 된다. 그 결과 경쟁력이 한층 더 강화되고, 동반 부실의 위험 부담 또한 크게 줄였다는 호평을 들었다.

그런가 하면 현대산업개발그룹, KCC그룹, 한라그룹, 성우그룹 등 창업주 정주영의 형제들이 이끄는 그룹들 역시 새로이 독자 영역을 굳힐 수 있게 될 거라고 내다보았다.

　물론 왕국은 이제 과거 정주영이 이끌 때만큼의 큰 힘을 결집할 수 없게 되었다. 갈라서고 분가하면서 이른바 '현대가家'로 불리게 되고야 말았다지만, 현대가의 미래는 결코 어둡지만은 않다. 언제인가는 이들이 다시금 의기투합하여 이룩하게 될 '현대의 신화'가 반드시 다시 한번 쓰이게 될 것이라는 데는 누구도 의심치 않았다.

　2남 정몽구(1938년생)는 현대차그룹을 이끌었다. 출범 당시 10개였던 계열사가 어느덧 60개 이상으로 늘어났다. 재계 매출 순위 또한 삼성그룹에 이어 2위를 굳건히 지키고 있다.

　3남 정몽근(1942년생) 또한 일찌감치 유통 부문을 물려받아 현대백화점그룹을 이끌었다. 몽구, 몽헌, 몽준 형제의 그늘에 가려 세간에 그다지 알려져 있진 않으나, 소리 없이 외길을 걸으며 유통 부문을 키워온 주인공이다. '현대백화점', '현대H&S', '현대홈쇼핑' 등 12개 계열사를 거느리며 만만찮은 매출을 올리고 있다.

　장녀 정경희(1944년생)의 남편 정희영은 '선진해운' 회장을 맡았다.

4남 정몽우(1945년생)는 일찍이 40대부터 '현대알루미늄' 회장을 맡았으나, 심한 우울증을 앓았다. 결국 45세의 젊은 나이로(1990) 서울 시내의 한 호텔에서 스스로 목숨을 끊었다. 그의 장남 정일선은 현대차그룹의 계열사인 'BNG스틸'의 대표이사 사장직을 맡았다.

5남 정몽헌(1948년생)은 왕자의 난(2000) 때 형들을 제치고 현대그룹 단독 회장으로 추대되기도 했다. 하지만 '대북 송금' 사건에 연루돼 검찰 조사를 받던 중, 극심한 스트레스를 견디지 못해 그해 여름 계동 현대 사옥 자신의 집무실에서 투신 자살하고(2003) 말았다. 지금은 그의 부인 현정은이 그룹 경영을 맡아 '현대아산', '현대상선', '현대증권' 등 20여 개 계열사를 거느린 현대그룹을 이끌고 있다.

6남 정몽준(1951년생)은 형제들 가운데 유일하게 엘리트(서울대-MIT 경영대학원) 코스를 밟으면서 아버지로부터 두터운 신임을 받았다. 31세에 '현대중공업' 사장으로 발탁되었으나, 정계에 진출한(1988) 이후 소유와 경영의 분리 원칙을 견지해오고 있다.

7남 정몽윤(1955년생)은 '현대해상화재보험'의 회장으로 재임하고 있다.

8남 정몽일(1959년생)은 정주영의 막내아들이다. 미국 조지워싱턴대학교에서 경영학 석사학위를 받은 뒤 '현대상사' 등에서 경영 수업을 받다가, '현대미래로'를 설립하여(2016) 독립했다.

이밖에도 현대가에서 빼놓을 수 없는 인물군이 있다. 정주영의 동생들인 정인영, 정순영, 정세영, 정상영 등이 그들이다.

먼저 동아일보 외신부 기자로 활약하다가, '현대건설' 전무로 입사한(1953) 후 맏형 정주영을 도와 왕국을 일으킨, 손아래 동생 정인영이 있다. 일찍이 1975년 맏형으로부터 독립한 그는 '한라건설', '한라시멘트', '한라중공업', '만도기계' 등 12개 계열사를 거느리는 한라그룹을 이끌었다. IMF 외환위기 때 자금난이 가중되면서 그룹이 부도 처리되는 시련을 겪기도 했다. 지금은 둘째 아들 정몽원이 그룹의 재기에 나서고 있다.

정순영은 '현대시멘트', '성우종합건설', '성우리조트', '현대종합금속' 등의 계열사를 거느린 성우그룹을 이끌었다.

'포니 정'으로 유명한 정세영은 외아들 정몽규와 함께 맏형으로부터 독립했다(1999). 그 후 계열사 10개 이상을 거느린 현대산업개발그룹으로 키워내어 건설 영역에서 확실하게 자리 잡았다.

다섯째 동생 정신영은 정주영이 생전에 가장 자랑스럽게 여기던 동생이었다. 서울대를 졸업한 뒤 동아일보 기자로 잠시 활동하다가 독일로 유학을 떠났다. 함부르크대학교에서 경제학 박사과정을 밟던 중 그만 타계하고 말았다. 정주영은 서울대 음대 출신의 첼리스트였던 제수 장정자에게 '현대학원(현대고등학교)'을 경영하도록 배려했다.

막냇동생인 정상영은 계열사 8개를 거느린 건축 자재 전문그룹인 KCC를 이끌었다. 맏형 정주영을 고스란히 빼닮았다 하여 '리틀 정주영'으로도 불렸던 그는, 조카 고 정몽헌 회장이 자금난에 몰렸을 때 200억 원을 선뜻 내놓았을 만큼 의리도 강했다. 그러나 조카가 사망한 이후 현정은 회장과의 경영권 다툼을 벌이면서 한때 세간의 눈총을 받기도 했다.

끝으로 정희영은 정주영의 유일한 여동생이다. 그녀의 남편인 김영주 '한국프랜지공업' 회장은 정주영의 매제가 된다. 두 사람의 인연은 일찍이 1944년까지 거슬러 올라간다. 그가 신당동의 쌀가게 '경일상회'를 강제 병합 당한 뒤 홀동금광에서 운송 하청업을 하던 도중 운전기사를 하던 김영주와 뜻이 맞았다. 결국에는 처남-매제라는 인연을 맺었다.

이처럼 정주영의 현대왕국은 진통 끝에 후계 구도를 마무리 짓는다. 왕국의 영원한 수성을 위한 후계자의 선정과 더불어 비록 찢어지고 갈라지긴 하였어도 분가 작업을 모두 마쳤다. 기업은 영속되어야 하는 것이며, 그런 만큼 애비로서의 선택은 물론 기업을 영속시키고자 하는 기업가로서의 낙점이기도 했다.

그런 결과 정주영의 선택은 처음부터 자신의 모든 걸 쏙 빼닮은, 자신의 아바타avatar인 2남 정몽구였다. 모두가 예상한 그대로였다.

    그럼 정주영은 왜 그 같은 결정을 내린 것일까? 꼭이 자신의 아바타여야 했던 것일까?

    정주영은 단지 성실함으로 인수한 쌀가게 '경일상회(1938)'를 창업한 이래 반세기 넘도록 남다른 능력으로 왕국을 키워왔다. 그 사이 자신들의 경영력 또한 부단히 시험하고, 다듬고, 진화시켜 마침내 오늘에 이르렀다. 반세기 만에 완성된 자신만의 경영 문법인 셈이었다. 예컨대 이병철의 '정벌경영'이 그것이다.

    더욱이 그는 이 같은 경영 문법이 결과적으로 옳았다고 확신했다. 곧 그 같은 경영력이 왕국을 남다르게 지속 발전시켜 왔을 뿐 아니라 새로운 미래 21세기에도 여전히 유효할 것이라고 내다보았다.

    그렇기 때문에 정주영은 '유난히 보스 기질이 남다른 데다, 소탈하고 선이 굵은 것은 물론 솥뚜껑만 한 손바닥과 『삼국지』를 탐독하는 것'조차 자신을 그대로 빼닮은 2남 정몽구를 선택한 것이다. 요컨대 그 같은 자식을 통해서 창업에 이은 수성, 곧 자기완성을 꿈꾼 후계 구도였던 셈이다.

4장

아직 못다 이룬
그만의 꿈

사소한 경험을 확대해 이룬 큰 현실

흔히 정주영의 역량을 평가할 때면 대개 여섯 가지니, 일곱 가지니, 열 가지니 하는 기적부터 떠올리고는 한다. 저자는 그가 남긴 기적을 나름대로 살펴보았을 때 이 중에서 '여섯 가지의 기적'에 손을 들어주고 싶다.

첫 번째 기적은 앞서 설명한 바 있다. 6·25전쟁이 한창이던 1952년 한겨울에 부산의 유엔군묘지를 푸른 보리싹 잔디로 단장한 것이다. 두 번째는 1966년 한국 건설 역사상 최초로 해외로 진출하여 태국 파타니 나라티왓 고속도로 공사를 수주한 것이다. 세 번째는 1972년 갈매기 소리만이 황량한 울산 미포만의 갯벌 사진 두 장만을 들고서 영국과 그리스로 날아가 조선소 건설 자금을 빌리고 26만

t급 초대형 유조선 2척을 수주하여 설립하게 된 '현대중공업' 울산조선소의 창업 비화다. 네 번째는 1976년 '현대차'가 자체 개발한 고유 모델 '포니PONY'를 자동차의 나라들이 있는 북미에 상륙시킨 것이다. 다섯 번째는 같은 해에 수주한 세계 최대 초대형 심해 공사로서 공사비가 당시 우리나라 국가 예산의 절반 이상에 해당하는 9억 3,114만 달러인 사우디아라비아의 주베일 산업항 건설 프로젝트였다. 마지막으로 여섯 번째 기적은 1984년 서산 간척지 최종 물막이 공사를 할 때 그가 아이디어를 낸 '정주영 공법工法'이 바로 그것이다.

여기에 꼭이 추가하고 싶은 게 한 가지 있다. 그의 '시베리아 개발'이다. 뒤에 따로 살펴보겠지만, 시베리아 개발은 정주영의 최후 정벌이었을뿐더러 왕국의 경제 영토를 더욱 확장할 수 있었던 마지막 기회였다.

그러나 안타깝게도 그가 타계하는 바람에 미처 뜻을 이루지 못했다. 아쉬움이 남는 대목이 아닐 수 없다. 비록 지금은 갈라서고 분가하여 큰 힘을 다시 결집시키긴 쉽지 않더라도, 그가 자신의 후예들에게 남긴 과제 가운데 하나라는 건 의심할 여지가 없다.

어쨌거나 그는 이 땅에 오랫동안 숙명처럼 이어져 내려오던 보릿고개를 물리치는 데 상당 부분 이바지했다. 아시아의 변방에 자리한 작고 가난한 분단국가 'Korea'를 지구촌에 널리 알리고 떨치는 데 그만큼 기여했던 이도 드물다.

하지만 일찍 일어나는 새가 먹이를 찾는다는 정주영의 '얼리버드early bird정신'은 결코 거기에 안주하지 않았다. 시간이 허락된다면 좀 더 많은 경제영토를 정벌해나갈 수 있다고 확신한 정벌의 경영자이기도 했다. 88서울올림픽을 유치할 때 그가 보여준 눈부신 활동이랄지, 시베리아 개발 같은 것이 그 단적인 예라고 볼 수 있다.

그렇다면 정주영의 이 같은 불패의 기적, 놀라운 경제영토의 정벌경영을 과연 어떻게 볼 것인가? 서울대 경제학과 송병락 교수는 이 점에 대해 자신의 저서 『마음의 경제학』에서 이렇게 언급하고 있다.

현대그룹을 창설한 정주영 회장도 일의 성패는 주위의 여건

이나 환경이 아니라 마음먹기에 달렸다고 했습니다. 여러분도 자신의 목표를 달성할 수 있는 무한한 능력이 자신의 무의식 세계 속에 있다는 사실을 믿으십시오. 실패의 모든 원인은 여러분의 마음속에 있고, 여러분에게는 이를 극복할 수 있는 능력이 있으므로 모든 부정적인 생각을 버리십시오. 그리고 그 포부를 실현할 수 있게 하는 방법도 존재한다는 사실 또한 아울러 믿으십시오. 여러분이 스스로 자신을 믿지 않으면 남은 여러분을 더욱더 믿을 수가 없게 됩니다….

송 교수에 따르면, 정주영의 그 같은 불패신화와 시장 확장 전략은 자신의 역량에 대한 강한 확신에서 비롯된 결과라고 본다. 정주영 자신 역시 같은 발언을 한 적이 있다.

나는 누구에게든, 무엇이든, 필요한 것은 모두 배워 내 것으로 만든다는 적극적인 생각, 진취적인 자세로 작은 경험을 확대해 큰 현실로 만들어내는 것에 평생 동안 결코 주저해 본 일이 없습니다….

그는 덧붙여 "나는 무슨 일을 시작하든 된다는 확신 90%와 반드시 되게 할 수 있다는 자신감 10% 외에, 안 될 수도 있다는 불안감은 단 1%도 갖지 않았다"라고 말하고 있다.

그에게 왜 '불도저'라는 별명이 붙었는지, 그가 왜 끝까지 최선의 노력을 다하는 '벼룩의 교훈'을 자주 들먹였는지, 그가 왜 "나는 생명이 붙어있는 한 실패는 없다고 생각한다"라고 말했는지를 짐작해볼 수 있게 한다.

아직 못다 이룬 정주영의 꿈

(정주영) 내가 러시아의 시베리아에 대해서 깊은 관심을 갖는 데에는 크게 두 가지 이유가 있다. 우선 러시아의 시베리아는 목재와 천연가스, 기름, 석탄에서부터 바다의 생선까지 무한한 자원의 보고다. 우리는 지금 모든 자원을 멀리 태평양을 건너 미국, 캐나다, 그리고 남태평양 한가운데의 호주나 아프리카 등지에서 실어오고 있다. 그나마 그 자원도 일본을 위시한 선진국들이 차지하고 있어 우리는 웃돈에 웃돈을 얹어 사서, 막대한 운반비를 들여 실어오는 실정이다.

…우리의 합판산업이 한때 세계 시장을 지배했던 시절이 있었다. 그러나 원자재인 목재를 항구적으로 확보하지 못했기 때문에 합판산업의 대명사였던 동명목재가 도산했고, 그와 함께

합판 최대 수출국이었던 한국이 합판 수입국으로 전락하고 말았던 것이다. 자원의 미확보는 기업이 불안하게 경영을 해나가다 급기야는 몰락하게 되는 지름길이다. 자원의 다변적인 확보야말로 산업국가의 필수 요건이다.

 …이제 다음으로 해야 할 일은 러시아의 영향력과 도움으로 남북통일의 지름길을 만드는 것이다. 상업성을 생각하면 물론 중국이 더 낫다. 그러나 중국은 우리 말고도 다른 나라의 수많은 기업인이 다니고 있으니까 우리는 러시아에 전력을 다해서 남북통일을 이루는 데 물꼬를 트는 역할도 하고, 자원 확보로 자손 만 대의 성장의 원동력이 되는 기반을 마련해주는 것이 우리가 할 일이라는 생각이 들었다.

 …시베리아를 개발할 때 한국이 무슨 수로 영하 50도, 70도의 혹한을 버틸 거냐고 일본이 또 웃을지도 모른다. 그러나 나는 우리가 하지 못할 것은 없다고 생각한다. 일본인들이 훗카이도 위쪽의 섬 4개를 러시아에서 되찾기 위해 애쓰고 있는 동안, 우리가 시베리아를 잡아놓아야지, 일본과 러시아가 한 덩어리가 되면 그 많은 자원 가운데 우리 몫은 하나도 없을 것이다.

일본 사람들이 추수하고 난 자리에 떨어진 이삭이나 주우러 다니는 형편이 될 수는 없다. 이것이 우리가 러시아의 시베리아 개발에 적극적으로 나서야 하는 중요한 이유다….

정주영은 앞서 금강산 개발로 남북 교류(1989)의 물꼬를 튼 데 이어, 당시엔 아직 정식으로 수교조차 하지 않은 러시아를 방문하여 크렘린궁에서 고르바초프 러시아 대통령과 3시간 반 동안이나 환담했다. 시베리아 개발에 대한 그의 행보는 그렇게 시작되었다.

그는 우리의 미래가 전적으로 시베리아 개발에 달려 있다고 확신했던 것 같다. 동토를 개발한다는 것이 결코 쉬운 일은 아니겠지만, 사막의 나라 중동에서의 경험에 비추어 볼 때 못할 것도 없다며 큰 자신감을 내비쳤다.

이후에도 그는 모두 세 차례나 러시아를 방문했다. 시베리아 스베틀라야 산림 공동 개발과 함께 시베리아에서 남북한을 관통하여 부산까지 이어지는 가스 파이프라인을 설치하는 데 이어, 종래에는 시베리아 천연가스를 일본에까지 연결한다는 원대한 계획을 세웠었다.

무엇보다 연해주의 부동항인 블라디보스토크에 주목했다. 블라디보스토크를 개발해서 러시아 진출의 근거지로 삼는 것이 지리적으로나 기후적인 면에서 유리하다는 판단에서였다. 부산에서 선박을 이용한다 해도 30시간이면 도착할 수 있을 정도로 아주 먼 거리도 아니었다.

그러나 우리 기업들이 잠시 주춤거리는 사이 다른 기업들이 발 빠르게 나섰다. 미국, 일본, 호주 등의 여러 나라가 블라디보스토크에 뛰어들어 각축을 벌이고 있는 것이 그를 못내 아쉽게 만들었다. 더구나 같은 시기에 현대는 중국에 전력투구하고 있었다. 시베리아의 자원도 자원이지만, 시장으로 따진다면 지구촌에서 중국만 한 나라도 없다는 전략 때문이었다.

그랬다. 시베리아의 자원 확보가 시급하다는 그의 주장은 때마침 열리기 시작한 중국이라는 새롭고 거대한 시장으로 말미암아 탄력을 받지 못했다. 시베리아 개발은 우선순위에서 자꾸 뒤로 밀려날 수밖에 없었고, 또 그러는 사이 새로이 등장한 거대 중국 시장에서 연이어 낭보가 날아들었다. 현대는 중국과 합작으로 '베이징 현대 지하철도차량공사'를 설립하여 중국 대륙 전역에 건설될 지하철의 전동차 독점 생산 계약을 성사시켰다. 이어 자동차, 전자, 조선 등 여러 분야에서 새로운 투자 기회를 왕성하게 열어가고 있었다.

그렇더라도 언제까지 마냥 기다리고 있을 수만은 없는 일이었다. 그때 정주영은 왕국의 경영권을 이미 후계자에게 넘겨준 데다 80을 바라보는 고령이었다.

정주영의 시베리아 개발은 끝내 그렇게 미완에 그칠 수밖에 없었다. 왕국의 전사들이 뒤늦게야 중국에서 시베리아로 눈길을 돌려 정벌에 나서고자 했을 때에는 벌써 그를 잃은 뒤였다. 창업 총수를 잃고서 방향을 선회할 수밖에 없었다.

정주영의 마지막 노래, '보통 인생'

"120살까지는 살면서 큰일을 할 겁니다."

정주영이 작고하기 두 해 전에 한 얘기다. 독일의 시사 주간지 『슈피겔』지와의 인터뷰에서 이같이 말했다. 인간의 수명이 백스무 살까지는 연장될 수 있다는 의사들의 얘기를 철석같이 믿었던 것 같다. 그는 이렇게 덧붙이기 조차했다.

"아직 은퇴하기에는 너무 젊다고 생각한다."

당시 84살이었던 정주영에겐 아직 이루지 못한 꿈이 있었다. 시베리아 개발과 남북통일이 바로 그것이었다. 남북통일이 되면 북녘의 고향땅에서 여생을 보내고 싶다는 말을 입버릇처럼 하고는 했다.

물론 그때까지는 건강에 어느 정도 자신이 있었던 것 같다. 진나라 시 황제가 찾았다는 불로초는 아니었다 하더라도, 나름대로 건강 비결을 터득한 터였다. 그것은 규칙적인 생활과 잠자리에 들기 전에 목욕을 하는 것이었다. 거기에 단식도 추가되었다.

나는 일흔 살 되던 해에 보름 동안 냉수만 마시면서 단식을 했어. 단식을 하게 되면 처음에는 뱃속의 찌꺼기들이 조금씩 배설되다가 나중에는 몸에 쌓인 찌꺼기들이 모두 빠져나오게 돼. 속이 다 비워져 어린아이의 뱃속처럼 깨끗이 청소되지. 그렇게 단식을 한 뒤로는 내 몸이 마치 어린애처럼 된 것 같아….

그래서 자신은 앞으로 몇십 년은 더 살 수 있을 것 같다고 자신했다. 사실 그때만 해도 여느 고령자와 달리 건강이 매우 양호했던 게 사실이다. 타고난 바탕이 워낙 건강한 것도 한몫을 했다.

그러므로 대통령 선거 때에도 건강 이상설이 나돌자, "내가 집권한 뒤 하루라도 결근하면 즉시 청와대에서 내쫓아도 좋다"라고 큰소릴 칠 수 있었다. 그의 주치의였던 중앙병원 내과과장 홍창기 박사 역시 "그에게 성생활이라고 해서 불가능할 이유가 없다"라고 말할 정도였다.

이 무렵 공개된 건강기록부에는 신장 173cm, 몸무게 76kg으로, 안경을 벗고 잰 시력이 맨 시력 0.4(왼쪽) 0.2(오른쪽)이고, 혈압(80~120)도 정상이었으며, 당뇨·동맥경화증·관절염 증세도 나타나지 않았다.

고령인데도 그가 건강을 지킬 수 있었던 비결은, 앞서 설명한 점 말고도 과로를 하지 않는다는 점이었다. 그날의 피로는 그날로 말끔히 풀어버렸다.

하지만 날마다 산적한 이런저런 개발, 보류, 분석, 투자, 결정과 같은 난제를 놓고서 홀로 고심해야 했던 그로선, 그날의 피로를 그날로 풀어버린다는 것이 말처럼 쉽지만 않았으리라. 한때 미국 지사에서 보내온 곰의 쓸개를 말려 하루 한 알씩 먹으면서 입맛을 돋우기도 했다지만, 다른 보약은 입에 별로 대지 않았다고 한다.

"아직 건강은 좋은데, 이놈의 세월이 너무도 빨리 흐르는 것 같아."

흐르는 세월 앞에 장사란 있을 수 없었다. 그 또한 흐르는 세월의 무게를 속절없이 느껴야만 했던 것이다.

더욱이 대통령 선거 이후 극심한 정신적 황폐를 겪으면서 건강이 갑작스레 쇠퇴하기 시작한 것으로 알려져 있다. 특히 선거 참패 이후 패배자로서의 정치 보복을 감내해야 했던 치욕스러운 시간들이 하나의 분수령이 되었다는 게 주변의 시각이다.

그때부터 정주영의 건강이 예전 같지 못하다는 얘기가 그의 주변에서 이따금 흘러나오기 시작했다. 이미 그의 걸음걸이에서 그 같은 움직임이 포착되었다.

1994년 겨울, 그는 국빈 자격으로 방한한 리펑 중국 총리를 울산 '현대차' 공장으로 직접 안내했는데, 이때도 그가 앞서기는 했지만 주위 사람의 부축을 받아 움직이는 모습이 목격되었다.

이듬해 정초엔 현대그룹 신례 하례회에서 너무도 수척해진 얼굴로 자리에 앉아 있는 모습이 텔레비전 화면에 그대로 비쳐지면서, 한때 위독 상태에 빠졌다는 소문이 퍼지기도 했다. 다음은 소문의 진상에 대한 당시 한국일보(1995.1.21) 기사다.

현대그룹은 정주영 명예회장의 신상과 관련, 지난 주 초부터 여의도 증권가를 중심으로 와병설 또는 사망설이 계속 나돌자 사실무근의 음해성 루머라고 해명에 나섰다. 홍콩 증시에서 정 회장 사망설이 돌아 그룹에 확인 전화가 빗발친 데 이어 여의도 증권가에서 '정 회장이 혼수상태에 빠졌다'는 소문이 돌면서 현대그룹 계열사 주가가 출렁거리기도 했다….

그런 와중에 북한을 다시 방문(2000)해서 김정일 국방위원장과 4시간 반 동안이나 막걸리를 주고받으며 환담했다. 이 환담 이후 기력이 더욱 급속도로 떨어지기 시작했다. 팔순의 고령자에게 4시간 반의 술자리는 암만해도 무리일 수밖에 없었다. 방북 이후 그는 평소와 달리 피곤에 지친 모습으로 입원과 퇴원을 반복했다.

이듬해는 그의 생애 마지막 해가 되고 만다. 이른 봄, 그는 청운동 자택에서 위경련으로 누워 있다가 잠시 뜰로 내려와 늙은 집사(73)와 몇 마디 대화를 나누었다.

"너는 나이도 어린데 왜 그렇게 머리가 하얗냐?"

집사는 그의 짓궂은 농담에 미소를 지으며 대꾸했다.

"눈이 내려서 온 세상이 저렇게 하얀데 저라고 별 수 있겠습니까?"

그러자 정주영은 온 얼굴을 활짝 펴며 마치 어린아이처럼 웃었다고 한다.

며칠 후, 그의 건강은 돌이킬 수 없을 만큼 악화되었다. 급히 '아산중앙병원'으로 옮겨졌으나, 그땐 이미 손을 쓸 수 없을 지경이었다.

마침내 2001년 3월 22일, 정주영은 파란만장한 자신의 생을 접고 세상을 떴다. 향년 86세였다.

빈소는 청운동 자택에 마련되었다. 정몽구, 정몽헌, 정몽준 등 그의 아들들, 정인영, 정순영, 정세영, 정상영, 정희영 등의 동생들, 지난 수십여 년 동안 그를 보좌하며 고락을 같이 해온 가신들이 줄곧 자리를 지켰다.

비보를 접한 조문객들도 청운동 자택에 줄을 지어 서 있었다. 전직 대통령들과 여야의 당 대표들이 빈소를 찾았다. 북한의 김정일 국방위원장은 직접 조문 사절을 보내어 헌화했다. 빈소를 찾아와 애도한 조문객 수만 2만 3,000명을 헤아렸다.

> 세상에 올 때 내 마음대로 온 것은 아니지만
> 이 가슴에 꿈도 많았지
> 내 손에 없는 내 것을 찾아
> 뒤돌아볼 새 없이 나는 뛰었지
> 이제 와 생각하니 꿈만 같은데
> 두 번 살 수 없는 인생 후회도 많아
> 스쳐간 세월 아쉬워한들 돌릴 수 없으니
> 남은 세월 잘 해봐야지…

그가 생전에 즐겨 불렀다는 대중가요인 '보통 인생'의 가사다. 참으로 보통 인생의 노랫말과 같이 그의 가슴속엔 꿈도 많아 뒤돌아볼 새도 없이 마냥 뛰었던 한 평생이었다.

그렇게 한 시대가 저물어갔다. 정주영이 현대라는 왕국을 통해서 기업이 할 수 모든 경영 활동을 모두 펼친 시대였다. 일찍이 식민 지배에 이어 전쟁이 휩쓸고 지나간, 오직 폐허와 공허뿐이었던 나라에서 의지와 희망의 빈곤을 극복하고 탁월한 기업 경영의 길을 스스로 열어나간 선구자였다. 이제 그는 다시는 돌아올 수 없는 영면에 들어간 것이다.

한국 인물 500인 선정위원회 (가나다 순)

위원장: 양성우(시인, 前 한국간행물윤리위원장)

위원: 권태현(소설가, 출판평론가), 김종근(前 홍익대 교수, 미술평론가), 김준혁(한신대 교수, 역사), 김태성(前 11기계화사단장), 박상하(소설가), 박병규(민화협 상임집행위원장), 배재국(해양대 교수, 수학), 심상균(KB국민은행 금융노동조합연대회의 위원장), 오세훈(씨알의 소리 편집위원), 오영숙(前 세종대학교 총장, 영어학), 윤명철(前 동국대 교수, 역사), 이경식(작가, 번역가), 이경철(前 중앙일보 문화부장, 문학평론가), 이덕수(시민운동가, 시인), 이덕일(순천향대 교수, 역사), 이동순(영남대 명예교수, 시인), 이순원(소설가), 이종걸(이회영기념사업회장), 이종문(前 계명대 학장, 시조시인), 이중기(농민시인), 장동훈(前 KTV 사장, SBS 북경특파원), 하만택(코리아아르츠그룹 대표, 성악가), 하응백(前 경희대 교수, 문학평론가)

한민족의 정체성을 만든 인물들을 통해, 삶의 지혜와 미래의 길을 연다.

고대 | 배달 민족의 얼인 고대 동아시아 지배자

대동 세상을 열려는 너희 본디 마음이 나 치우다

"나는 천산산맥 넘어 해 뜨는 밝은 곳을 향해 내려와 신시 배달국을 열었다. 너도 하느님 나도 하느님, 너도 왕이고 나도 왕이니 서로서로 섬기는 대동 세상 터를 닦고 넓혀왔다. 하여 뭇 생명이 즐겁고 이롭게 어우러지는 세상을 열려는 너희 본디 마음이 곧 나일지니."
- 치우천황이 독자에게 -

이경철 지음 | 값 14,800원

나는 치우천황이다

근세 | 현모양처의 대명사인 한 여성의 삶과 꿈

많이 알려졌어도 실제 내 삶을 아는 사람은 드물구나

"나만큼 많이 알려진 인물도 없다. 그러나 나만큼 제대로 알려지지 않은 인물도 없다. 율곡의 어머니, 겨레의 어머니, 현모양처의 모범과 교육의 어머니로 많이 알려졌어도 실제 내 삶이 어떠했는지 아는 사람은 거의 없다. 나는 내 삶을 바르게 살고 싶었을 뿐이다."
- 사임당이 독자에게 -

이순원 지음 | 값 14,800원

나는 사임당이다

근대 | 지킬 것은 굳게 지킨 성인군자 보수의 표상

'완전한 인간'을 위한 자기 단련의 길이 나 퇴계다

"나는 책이 닳도록 수백 번을 읽었다. 그랬더니 글이 차츰 눈에 뜨였다. 주자도 반복해서 독서하라고 이르지 않았던가? 다른 사람이 한 번 읽어서 알면, 나는 열 번을 읽는다. 다른 사람이 열 번 읽어서 알게 된다면, 나는 천 번을 읽었다."
- 퇴계가 독자에게 -

박상하 지음 | 값 14,800원

나는 퇴계다

근대 보수의 대지 위에 뿌린 올곧은 진보의 씨앗

나는 **율곡**이다

바꾸자는 개혁의 길
너의 생각이 나 율곡이다

"나라는 겨우 보존되고 있었으나, 슬픈 가난으로
시달리는 백성들은 온통 병이 깊어 숨이 넘어갈
지경이었다. 백척간두에 선 채 바람에
이리저리 위태롭게 흔들리고 있었다.
내가 개혁을 외치고 나선 이유다."
- 율곡이 독자에게 -

박상하 지음 | 값 14,800원

현대 모국어로 민족혼과 향토를 지켜낸 민족시인

나는 **백석**이다

깊은 슬픔을 사랑하라

분단의 태풍 속에서 나는 망각의 시인이었다.
하지만 한국의 독자들은 다시 내 시에 영혼의 불을 지폈다.
나는 언제나 외롭고 높고 쓸쓸한 시인이다.
- 백석이 독자에게 -

이동순 지음 | 값 14,800원

현대 남북한과 동서양의 화합을 위해 헌신한 삶과 음악

나는 **윤이상**이다

남북통일과 세계의 화합과
평화를 염원하며 작곡했다

"나는 남한과 북한, 동양과 서양, 고전과 현대의 경계에 서서
화합을 모색해 왔다. 우리 민족혼을 바탕으로 민주화와
통일을 갈망했고 세계가 전쟁과 핵 공포에서 벗어나
평화와 평등의 세상으로 나가기를 바랐다.
내 음악은 이 모든 염원의 표상이다"
- 윤이상이 독자에게 -

박선욱 지음 | 값 14,800원

한국 인물 500인 신간 소개

근대 | 삼한갑족 노블레스 오블리주의 대명사

**동서고금을 통해 해방운동이나
혁명운동은 자유와 평등을 추구하는 운동이었다.**

나는 **이회영**이다

"한 민족의 독립운동은 그 민족의 해방과 자유의 탈환을 뜻힌
이런 독립운동은 운동 자체가 해방과 자유를 의미한다.
태고로부터 연면히 내려온 인간성의
본능은 선한 것이다."
- 이회영이 독자에게 -

이덕일 지음 | 값 14,800원

근대 | 육성으로 직접 들려주는 독립군의 장군 일대기

**내가 오지 말았어야 할 곳을 왔네,
나를 지금 당장 보내주게**

나는 **홍범도**다

야 이놈들아, 내가 언제 내 흉상을 세워 달라 했나.
왜 너희 마음대로 세워놓고, 또 그걸 철거한다고 이 난리인기
내가 오지 말았어야 할 곳을 왔네. 나를 지금 당장 보내주게.
원래 묻혔던 곳으로 돌려보내주게.
나는 어서 되돌아가고 싶네.
- 홍범도가 독자에게 -

이동순 지음 | 값 14,800원

고대 | 신화가 아니라 실재했던 한겨레의 국조

**서로 잘 어우러져 하나가 되는
홍익인간 공공사회를 일구었노라**

나는 **단군왕검**이다

"나는 임금이 되어 우리 겨레를 홍익인간의 삶으로 이끌려 애썼
그러면서도 자연의 원리에서 떠나지 않으려 했다.
융통성을 바탕으로, 공동체를 사안에 따라 매우
유연하고도 능란하게 운영하려고 했다. 반란과 대홍수를
이겨내고 모두 하나가 되는 공공사회를 일구었노라."
- 단군왕검이 독자에게 -

박선식 지음 | 값 14,800원

| 근세 | 여성 최초 상인 재벌과 재산의 사회 환원 |

나는 김만덕이다

가난을 돌이킬 수 없는 수치로 여겨라

어진 사람이 나랏일에 간여하다가도 절개를 위해 죽는 것이나,
선비가 바위 동굴에 은거하면서도 세상에 이름을
떨치게 되는 건, 결국 자기완성이 아니겠느냐.
여성의 몸으로 내가 상인으로 나선 이유도
이와 다르지 않다."
- 김만덕이 독자에게 -

박상하 지음 | 값 14,800원

| 고대 | 민족의 고대사를 개창한 건국 여제 |

나는 소서노다

내가 바로 고구려, 백제를 건국한 왕이다

"나는 졸본부여의 왕녀로 태어나, 추모와 함께 고구려를
건국하였으며 다시 두 아들과 함께 남하하여 백제를 건국하였다.
역사서에 나를 일컬어 왕이라 하지 않았으나,
엄연히 나라를 개창하여 백성들을 위한 정치를 펼쳤으니
더 이상 나의 존재를 부정할 수 없으리라."
- 소서노가 독자에게 -

윤선미 지음 | 값 14,800원

| 고대 | 신라의 중흥을 이룬 대장군 |

나는 이사부다

위대한 장수는 싸우지 않고 이기는 전투를 한다

전장에서 적을 베는 것보다 싸우지 않고 이기는 장수가
지혜로운 장수다. 적국의 백성도 나라를 달리하면
모두 제 나라의 백성이다. 권력을 탐하는 자는
신의를 저버리나 백성은 그저 순리에 따를 뿐이니,
현명한 장수는 백성을 살리는 전투를 한다.
- 이사부가 독자에게 -

김문주 지음 | 값 14,800원

한국 인물 500인 신간 소개

근대 | 식민지시대 대중문화운동의 진정한 선구자

너희가 '황성옛터'를 아느냐

나라 잃은 시대, 나는 민족 저항의 노래인 '황성옛터'
한 곡으로 거레의 영혼에 불을 지폈다.
그 불이 꺼지지 않고 오늘에 이르렀다.
지금 그 불꽃은 꺼졌는가?
여전히 활활 타고 있는가?
- 왕평이 독자에게 -

이동순 지음 | 값 14,800원

나는 **왕평**이다

근대 | 꺾이지 않는 마음으로 행동했던 시인

인간다운 삶을 위한 해방,
완전한 독립을 위하여!

"나는 꺾이지 않는 마음이다. 의열단 군관학교 출신의 독립운동
비밀요원으로, 감옥에서 죽어가는 순간에도 시를 썼던 시인으로,
내가 꿈꾸었던 것은 자유롭고 평화로운 세상이었다.
인간다운 삶을 위한 해방, 완전한 독립을
완성하는 것은 이제 그대들의 몫이다."
- 이육사가 독자에게 -

고은주 지음 | 값 14,800원

나는 **이육사**다

중세 | 귀주대첩으로 고려를 구한 구국의 영웅

11세기 동북아의 국제질서를 뒤흔들어놓은 귀주대첩

"거란의 2차 침입 때 대신들이 항복을 말했지만
나는 항복은 안 된다고 외쳐 위기를 넘겼다. 동북면병마사,
서경유수로 재직하면서 거란의 재침에 철저히 대비한
나는 거란의 3차 침입 때 귀주 벌판에서 적을 전멸시켰다.
고려는 막강한 저력을 바탕으로 거란, 송나라와
대등한 외교를 펼치며 평화를 누렸다."
- 강감찬이 독자에게 -

박선욱 지음 | 값 14,800원

나는 **강감찬**이다

고대 | 신화적인 삶을 산 한민족사의 큰 어른

나는 조선인이고, 부여인이며, 고구려인이다

여러분의 말 속, 정신 속에는 나의 삶이 조금씩 배어 있다.
조상이 무엇인가? 역사의 거름이 되는 게 아닌가?
어려운 시기가 오고 있네만 나를 거름으로 삼아
후손들을 위해 맑고 기름진 거름이 되게나.
- 해모수가 독자에게 -

윤명철 지음 | 값 14,800원

나는 **해모수** 다

현대 | 타는 목마름으로 연 민주화와 흰 그늘의 길

더 나은 세상을 위해 진흙창 속에 핀 연꽃, 십자가가 되려 했다

"나는 개벽을 향한, 부활을 향한 민중의 고통에 찬
전진 속에서, 내게 주어진 진흙창 삶 속에 피우는 연꽃이
되려 꿈꿨다. 내게 주어진 십자가를 지고 민중과 함께
있기를 소망했다. 민중의 한 사람인 내가 꿈꾼 이런 소망이
어느 시대, 어느 세상에서든 좀 더 나은 세계로 건너가는
징검다리 돌 하나가 됐으면 좋겠다."
- 김지하가 독자에게 -

이경철 지음 | 값 14,800원

나는 **김지하** 다

현대 | 백석 시인을 사랑했던 조선권번 기생

저는 백석 시인의 뜨거운 사랑을 받았습니다

그 험하고 가파른 세월을 무탈하게 살아올 수 있었던 것은
오로지 제 나이 22세 때 만나 서로 뜨겁게 사랑했던
백석 시인의 고결한 영혼 덕분입니다.
- 김자야가 독자에게 -

이동순 지음 | 값 14,800원

나는 **김자야** 다

한국 인물 500인 신간 소개

현대 대한민국 현대사의 격랑 속에서 소설이 된 사람

증오는 사랑과 연민이 되고, 나는 결국 소설이 되었다

나는 **박완서** 다

"나의 인생과 소설에 담긴 역사를 바라봐주면 좋겠다.
내 안의 '양반 의식', '아줌마 정신',
'빨갱이 트라우마'를 온전히 바라봐주면 좋겠다.
그렇게 나를 기억해주면 좋겠다."
- 박완서가 독자에게 -

이경식 지음 | 값 14,800원

중세 고려의 자주국 수호를 천명한 여걸

자주국 고려의 위상은 내가 지킨다

나는 **천추태후** 다

"'나의 고려가 외국에 사대하는 것을 원치 않았다. 성종이
내려놓은 고려의 위상을 반드시 되돌려 놓아야 한다고
다짐했다. 그것이 태조 왕건의 유조에 따라
고려가 자주국이자 황제국으로서, 세상 그 어떤 나라도
넘보지 못할 대국으로 거듭날 수 있는 유일한 방법이라
여겼으니 이것이 내가 목종을 대신하여 섭정한 이유다."
- 천추태후가 독자에게 -

윤선미 지음 | 값 14,800원

단체 | 분야별 조선왕조 5백 년을 이끈 5대 명문가의 이야기

집안이 어려워도 낙담해선 안 되고 공부가 쓸모없다고 관두어서도 안 된다

나는 **삼한갑족** 이다

딱한 처지에 놓일지라도 민망하게 여기지 않고,
귀한 신분에 올랐음에도 교만하지 않을 뿐더러,
참혹한 화를 당해도 위축되거나
운명에 흔들려선 안 된다.
- '삼한갑족'이 독자에게 -

박상하 지음 | 값 14,800원

| 현대 | 시작부터 남달랐던 삼성을 키워낸 또 다른 재才의 세계

자본도 경험도 없이 역사 앞에서
첨단산업으로 지구촌을 지배하다

나는 **이병철**이다

"나는 어떤 큰 자본을 갖고 시작한 게 아니었다. 별다른 기술이나
남다른 경험이 있었던 것도 아니었다. 인맥이나 학맥조차
따로 가졌던 게 아니었다. 미래는 소심하게 머뭇거리는
자의 것이 아니라 용기 있게 나서는 자의 것이라는
신념 하나만으로 세상에 내 자신을 내던졌던 것이다."
- 이병철이 독자에게 -

박상하 지음 | 값 14,800원

| 현대 | 자본도, 기술도, 경험도 없이 현대를 키워낸 신념의 세계

폐허와 공허 속에서 오로지
맨주먹으로 현대를 일으켰다

나는 **정주영**이다

"나는 물려받은 유산도, 마땅한 기술도, 변변한 경험조차 없이,
한 치 앞을 내다보기 어려운 역사의 격랑 속으로 뛰어들지 않으면
안 되었다. 거기에다 선발 자본이나 기업에 비하면 턱없이
뒤늦은 출발이 아닐 수 없었다. 젊은 날의 나는 그저 이름 없는
무명의 선수로 어렵사리 출발 선상에 등장할 수 있었을 따름이다."
- 정주영이 독자에게 -

박상하 지음 | 값 14,800원

| 중세 | 통일 왕조의 군주로 우뚝 선 온건한 지도자

10세기 한반도의 분열을 딛고
통일국가 고려를 개국한 창업 군주

나는 **왕건**이다

"나는 후삼국 통일을 위한 최후의 전쟁에서 승리한 뒤 고려를
건국했다. 고구려 계승 의지를 선포하며 북방정책을 펼쳤고
백성들의 구휼에도 힘썼다. 발해 유민들을 끌어안고 지방 호족들을
통합하여 민족의 융합과 동질성 회복을 위해 최선을 다했다."
- 왕건이 독자에게 -

박선욱 지음 | 값 14,800원